Fritz-Martin Engel

Die Giftküche der Natur

Eine Natur-
und Kulturgeschichte
der Giftgewächse
unserer Erde

Landbuch

Die Giftküche der Natur

Vorsatz:

Kultzeichnung eines Geisterschiffes der Ngadju-Dajak in Zentral-Kalimantan
(Borneo). Ende des 19. Jahrhunderts. Rautenstrauch-Joest-Museum, Köln.

Nach der Vorstellung der Ngadju reisen mit solchen Geisterschiffen die Seelen der
Verstorbenen ins Jenseits. Diese Schiffe sind reich beladen, beispielsweise mit
erbeuteten Köpfen, alten Lanzen und Schwertern und dergleichen. Niemals fehlt eine
meist recht prunkvolle Betel-Garnitur, eine solche ist dargestellt neben dem
göttlichen Schiffsführer. Deutlich kann man eine schön gearbeitete Betelnuß-Schere
erkennen, darüber einen Zweig mit Betelblättern und ein Bündel Areka- oder
Betelnüsse.

Fotos:

Dr. Klaus von der Dunk, Hemhofen	Seite 73
Erich Fischer, Bammersdorf	Seiten 25, 31, 45, 48, 59, 84, 89, 90, 101 oben, 105 unten, 118 unten, 119 links oben, 123 oben, 124 oben, 126 unten
Rudolf Kretschmer, Erlangen	Seite 69
Dr. Hans Dieter Neuwinger, St. Leon-Rot	Seiten 100, 142, 143 unten, 144
Leonhard Rabenstein †, Gunzenhausen	Seiten 1, 43 links oben, 85, 96, 109 oben

Titelbild und alle übrigen Fotos vom Verfasser

Schmutztitel: Roter Fingerhut

Innentitel: Märzenbecher-Wald im Fränkischen

Landbuch-Verlag GmbH, Hannover 1982

Farblithos: Reproanstalt Krammer, Linz/Österreich
Fotosatz, Druck und buchbinderische Verarbeitung:
Landbuch-Verlag, Hannover, und Buchbinderei S. R. Büge, Celle/Westercelle

ISBN 3 7842 0268 3

Inhalt

Vorrede

Seit Anbeginn sind pflanzliche Gifte zu Begleitern des Menschen geworden. Die Macht zu heilen und zu töten hat sie zu Zeiten mit der Aura des Geheimnisvollen, ja des Göttlichen umgeben. Wer über Gifte Bescheid wußte, über ihr lebenvernichtendes wie lebenerhaltendes Wirken, der konnte als Zauberer, Priesterarzt oder Medizinmann der Achtung seiner Umgebung gewiß sein, sofern er nicht als Ketzer oder Hexe in den Folterkammern der Inquisition und auf dem Scheiterhaufen für solch „teuflisches Wissen" elendiglich büßen mußte. Insbesondere war der kompliziert-unheimliche Doppelcharakter pflanzlicher Gifte seit eh und je dazu angetan, die Phantasie des Volkes wie das Interesse der Gelehrten in Bann zu halten. Haben doch Pflanzendrogen den Menschen immer wieder Krankheit, qualvolles Siechtum und den Tod gebracht, aber auch Befreiung von Schmerzen als Medikamente, Trost in der Verzweiflung als Halluzinogene, Mobilisierung neuer Energien als Genußmittel. Die Droge kommt als Freund und Helfer, ein andermal auf leisen Sohlen als Mordgift, dann wieder als der große Verführer, der mit dem verlockenden Angebot von Wohlbefinden und Euphorie sein Opfer sucht, nur zu oft aber auch als Despot in Gestalt der „harten Droge", die dem Süchtigen gewiß keine Hilfe und noch weniger Glück bringt, sondern nur neue Knechtschaft.

Die Gattung *Papaver* umfaßt etwa 90 Arten. Von ihnen ist der abgebildete Schlafmohn (*Papaver somniferum*) sicher der wichtigste. Die Zone, in der er wächst, erstreckt sich vom Balkan über Kleinasien und Indien bis zum Fernen Osten. Durch Jahrtausende Menschheitsgeschichte zieht in ununterbrochener Folge der Opiumverbrauch, der legale wie der illegale, der Kranken Schmerzen ertragen ließ und ungezählte andere demoralisierte und ins Elend stürzte.

Für den Drogengebrauch bzw. -mißbrauch gibt es viele Motive, etwa solche religiöser Natur, wobei die Einnahme von Pflanzendrogen zum Ritus gehört. Die Gründe können sehr wohl auch wirtschaftlicher Natur sein, insofern in Ländern mit armer, unterernährter Bevölkerung Genußdrogen vielfach leichter zu beschaffen, vor allem billiger sind als Nahrung. Nicht zu übersehen sind gleichermaßen sozialpsychologische Motive. Zahlreiche Drogen, vom Tabak bis zu Haschisch und LSD, haben neue Gesellungen mit sich gebracht. Die Gruppe ist es nun einmal, die auch die Normen für die Verhaltensformen setzt. So sind unzählige in die Drogenszene geraten und in ihr geblieben — und das gilt weltweit —, weil „man" beim Rauchen, Koken, Haschen oder Betelkauen „mitmachen muß", um nicht isoliert zu werden.

Die Gesellschaft unserer Tage lebt mit der Süchtigkeit, mit dieser besonderen Daseinsbewältigung des Ausweichens und Verdrängens, des Selbstverständnisses und Lust-Erlebens. Es ist schon seltsam: Auf der einen Seite wird sie geplagt von einer ständigen, unbestimmten Angst vor Giften in der Umwelt, vor der zunehmenden Verschmutzung der Luft und der Gewässer und vor der Vergiftung der Lebensmittel. Demgegenüber scheint dem heutigen Menschen die Angst vor Arznei-, Genuß- und Rauschgiften abzugehen, weltweit und tagtäglich wird der Drogenkonsum mit einer unverständlichen und unverantwortlichen Leichtfertigkeit gehandhabt. In der Tat: ein unfaßbares Phänomen. Es scheint eben doch einfacher zu sein, den Weltraum zu erobern, als die alte Erde und die Gesellschaft des Homo sapiens in Ordnung zu halten.

Geheimwissen und Zauberglaube

Der Instinkt der Naturvölker

Die Kenntnis von den Pflanzengiften ist uralt. Wir dürfen annehmen, daß in der Frühzeit Sammler und Jäger zunächst wohl mehr zufällig auf die eine oder andere Drogenpflanze gestoßen sind und aus instinktiver Erfahrung die Heilung bringenden von den giftigen oder gar den tödlich wirkenden Gewächsen bald zu unterscheiden vermocht haben.

Es ist jetzt zwanzig Jahre her, daß Archäologen bei Ausgrabungen im Iran ein etwa 60 000 Jahre altes Höhlengrab, möglicherweise eines Neandertalermenschen, entdeckten und öffneten. Zur großen Überraschung ergab die Untersuchung des Staubes, in dem die Knochen des Mannes eingebettet waren, daß man es mit Pflanzen zu tun hatte, und zwar, als Ergebnis der Pollenanalyse, fast ausschließlich mit Heilkräutern. Damit glaubte man den Beweis erbracht zu haben, daß der Urmensch bereits Jahrtausende vor dem Aufkommen des Akkerbaus und der Zivilisation gewisse Kenntnisse von Heilpflanzen besaß.

Bei den in Shanidar gefundenen Pflanzen handelt es sich um harntreibende, Erbrechen auslösende und schmerzlindernde Mittel. Interessanterweise waren unter den Pflanzen auch Reste von Meerträubel *(Ephedra)*, einer Ephedrin-Alkaloid enthaltenden Steppen- und Wüstenpflanze, deren gefäßverengende und leicht narkotisierende Wirkung bei Schnupfen und Heufieber noch heute ausgenutzt wird und die als Asthmamittel unter dem Namen *Ma-Huang* im alten China berühmt war.

Jeder Ethnologe muß überrascht sein über die Kenntnisse der Naturvölker in der Arznei- und Heilkunde, mögen ihre Ansichten über die Ursachen von Krankheit und Schmerzen noch so verwirrt und unwissenschaftlich erscheinen. Das Malariamittel Chinin, die *Ipecacuanha*-Brechwurzel, die *Cascara*-Faulbaumrinde, der Kampfer, das Kokain und viele andere Drogen wurden erwiesenermaßen zuerst von den „Kulturlosen" entdeckt. Forschungsreisende lernten sie von ihnen kennen und gaben sie dann an die moderne Pharmakologie weiter. Die „primitive Medizin" kennt eine Vielzahl von Pflanzen, deren Erforschung sich in jedem Falle lohnt; darunter sind neben wirksamen Abführmitteln Drogen mit fieberhemmenden, harntreibenden und schmerzstillenden Eigenschaften. Die von den südamerikanischen Indios meist für die Jagd verwendeten Gifte Curare und Rotenon sind Beispiele von primitiven Toxinen, deren medizinischer Wert längst erkannt ist und von denen an anderer Stelle noch zu sprechen sein wird.

Wie die Medizinmänner und Schamanen der Naturvölker war in geschichtlicher Zeit auch der zur Arznei- und Heilkunde privilegierte Priester ein meist wohl recht kenntnisreicher Kräuterdoktor. Alten Keilschriften und Papyrusrollen, Grabinschriften und Steinplastiken können wir entnehmen, daß es in den orientalischen und mittelamerikanischen Hochkulturen

Linke Seite: Korallenstrauch *Erythrina*. Die meisten Arten dieser Gattung sind reich an Alkaloiden, deren Wirkung jener des Curare gleicht.

Bei zentral- und nordasiatischen Stämmen kommen auch weibliche Schamanen vor, die wie hier bei den sibirischen Burjäten bei ihren Auftritten prachtvolle Gewänder zu tragen pflegen – wohl um ihre Würde und besondere Funktion zu unterstreichen. Nach Einnahme getrockneter Fliegenpilze geraten sie unter der Wirkung des Meskalingiftes zunehmend in Ekstase, führen wilde Tanzbewegungen aus, Halluzinationen und Visionen setzen ein. Zur Unterstützung der schamanistischen Séance bedient man sich vielfach auch Räucherungen aus Rinde von Tannen, Wacholder und Wildem Thymian.

9

Die Mayagöttin Mayahuel, dargestellt mit einer blühenden Agavenpflanze, aus deren gegorenem Saft das Pulque genannte Rauschgetänk hergestellt wird. Nach einer alten mexikanischen Legende soll die schöne Göttin durch Zufall diese Entdeckung gemacht haben. Sicher ist, daß die Pulquebereitung zur Zeit der Eroberung Mexikos durch die Spanier schon bekannt war. Hernando Cortez berichtet: „Sie trinken im Übermaß davon, bis sie berauscht zu Boden sinken, und wenn sie auch die Vernunft verlieren, so hören sie doch mit dem Trinken nicht auf, weil es Ehrensache ist, sich zu berauschen . . .“

Rechte Seite: *Podophyllum peltatum*, zu deutsch Fußblatt, ein in den Wäldern der östlichen USA und Kanadas heimisches Sauerdorngewächs. Der Hauptwirkstoff ist das Podophyllin, das aus dem Wurzelstock gewonnen wird und als ein drastisches Abführmittel bekannt ist.

neben den Priester- und Wundärzten Beschwörungsärzte gab, die ihren Ruf bestimmten Pflanzen verdankten. Sie bedienten sich bei ihren rituellen Handlungen vielfach berauschender Drogen, als da sind giftige Pilze, Kakteen oder Windengewächse, welche den Verkehr mit den Göttern, aber auch mit den Geistern Verstorbener vermittelten, hellseherische Fähigkeiten verleihen und Auskünfte über Ursache und Heilungsmöglichkeit von Krankheiten geben sollten. Unter der Einwirkung giftiger Rauschdrogen stellten sich im Verlauf der Zeremonie Visionen, Gesichte und Stimmen ein; der heilkundige Priester bekam das Gefühl vertiefter Einsichten und einer Bewußtseinserweiterung.

Wir entdecken hier manches Gemeinsame mit den neuzeitlichen Methoden der Psychotherapie, etwa der Psychokatharsis, die mit medikamentöser Unterstützung (Psychopharmaka) seelische Traumata aufzudecken anstrebt. Sicher brachte der primitive Heilkundige gute Qualitäten mit, um als „Zauberarzt“ Gewalt über das Leben seiner Patienten zu bekommen: er konnte die Krankheit vertreiben, konnte sie aber auch hervorrufen.

Ganz unbestreitbar ist: Wo die Eingeborenen-Medizinen sichtbare Erfolge erzielen, spielen die psychologische Seite der Behandlung, ein tiefsitzender Aberglaube, der feste Glaube an die Wirksamkeit und nicht zuletzt die besonderen Riten, die nun einmal mit dem Sammeln und der Zubereitung von Drogen verbunden sind, eine ganz wesentliche Rolle. Hinzu kommt, daß Kranksein für den primitiven Menschen ganz andere Ursachen und Gründe hat als für uns, zum Beispiel Verletzung eines Tabus, moralische Fehltritte, Fluch und dergleichen.

Die Befreiung von Schmerzen, euphorisches Wohlbefinden, das Entrücktsein in eine andere Welt durch Einatmen betäubender Kräuterdämpfe, das Kauen von Pflanzen, wie Tabak, Koka oder Betel, die Einnahme von Opium, Haschisch und anderen Drogen aus Früchten, Blättern, Knollen oder Samen, die ganze Kenntnis dieser in der Pflanzenwelt schlummernden Kräfte — all das gehört zum Urwissen des Menschen.

Unter den „Sorgenbrechern“ spielt das von der Hanfpflanze gewonnene Haschisch seit alters eine wichtige Rolle, und die schon in prähistorischer Zeit als Nahrungsmittel und Gewürz verwendete Mohnfrucht galt wegen der Fülle der Samen als „Symbol der Erde und ihrer Fruchtbarkeit“. Sie war darum den Erdgottheiten heilig, so der Erdmutter Demeter, die nach altgriechischem Glauben durch die zauberische Wirkung des Mohns allen Leidenden Trost und Linderung in ihren Schmerzen spendet. Auch findet sich Morpheus als Gott des Schlafes und Bildner der Traumgestalten auf Darstellungen häufig mit einem Mohnkranz geschmückt.

Der Symbolcharakter der pflanzlichen Frucht wird überall da numinos und faszinierend, wo sie durch den Menschen zum Zauber- und Liebestrank, zum Rausch- und Todestrank oder auch zum Heiltrunk umgewandelt wird. Solche Wandlungsformen der Pflanze, durch die der Mensch — losgelöst von der Alltagswirklichkeit — als Werkzeug des Guten oder Bösen auf die Stufe eines erhöhten, euphorischen Daseins, der Ekstase und eines Außer-sich-Seins gerät, solche Wandlungsformen sind der unsterblich machende Nektar der griechischen Mythologie, der aus Wildhonig gegorene

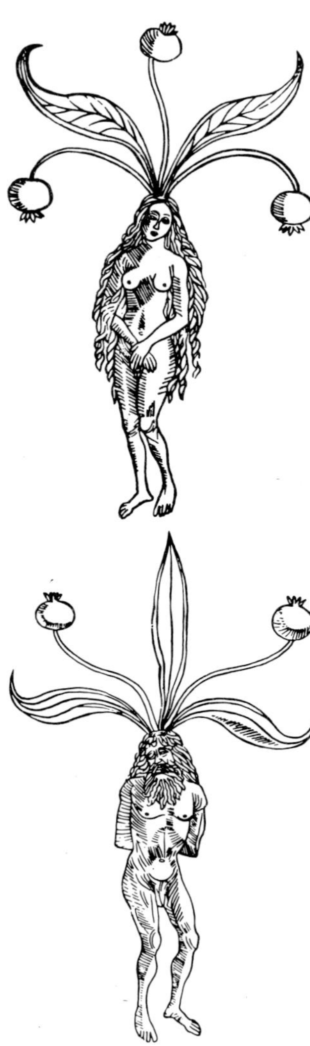

Alraun-Frau und Alraun-Mann. Aus dem *Gart der Gesunsheit*, Mainz 1485.

Rechte Seite: Rotbeerige Zaunrübe (*Bryonia cretica ssp. dioica*).

Met und der berauschende Saft der indischen Somapflanze, von dem es heißt, daß er „den Göttern Unsterblichkeit, dem Menschen Traumvisionen" verschaffe.

Gewiß waren in alter Zeit die berauschenden Honiggetränke und sind die Alkoholika von heute in gewisser Hinsicht harmloser als etwa der Genuß von Tollkirschen oder Giftpilzen, unter deren Einwirkung bis in unsere Zeit herein in Zentralasien die Schamanen bei Krankenheilungen, beim Jagd- und Regenzauber mit ekstatischen Tänzen und Gesängen die Dämonen zu beschwören pflegten.

Alkohol ist ebenfalls eine Droge, wenn auch eine von der Allgemeinheit tolerierte. Mehr und mehr haben die Alkoholika in den letzten Jahrhunderten ihre lange gewahrte Stellung als therapeutische Drogen verloren. Vor über 900 Jahren empfahl der arabische Arzt Avicenna täglichen Weingenuß wie auch „ein bis zwei Räusche in jedem Monat". Und in den medizinischen Schriften des Arnau de Villanova findet sich eine Fülle von Indikationen. Besonders der seit dem 10. Jahrhundert bekannte Branntwein galt als universelles Therapeutikum, als echtes Lebenswasser *(aqua vitae)*. Längst ist der Alkohol neben Kaffee, Tee und Tabak die Alltagsdroge unserer Zeit. Wer möchte bestreiten, daß der steigende Alkoholkonsum und die daraus resultierende Zunahme der Alkoholsüchtigen ein schwerwiegendes soziales Problem für unsere Gesellschaft darstellen? Und es steht zu befürchten, daß es in naher Zukunft immer drängender wird. Schon jetzt zeigt es sich, daß in unserem Land der „Durst" ständig größer wird. Allein 1980 wurden mehr als 35 Milliarden Mark für Alkoholika ausgegeben!

Die klassischen Gifte

Im wesentlichen sind es immer die gleichen Pflanzentoxine, die uns in der Geschichte, in Sagen und Legenden begegnen, sozusagen die „klassischen Gifte": Tollkirsche und Bilsenkraut, die Opiumpflanze, der Schierling und die über die Tropen der ganzen Welt verbreitete Brechnuß. Nicht zu vergessen die Alraune, die Mandragora, die in der Kulturgeschichte der Alten Welt und in der des Abendlandes eine große Rolle gespielt hat, enthält sie doch in ihren Alkaloiden starke Giftstoffe, die ihre Verwendung bei Verbrechen, für Liebestränke und zur Schmerzlinderung bedingen.

Die Alraune ist ein echtes „Kraut der Hölle", berufen zu teuflisch-dämonischem Tun, umwittert von Angst und Furcht, von Hoffnung und Glückserwartung. Das im Mittelmeerraum heimische Nachtschattengewächs galt bereits bei Altkanaanäern und Phöniziern als Aphrodisiakum, und auch im Land der Pharaonen war sie als „Zauberwurzel" bekannt. Wir finden sie häufig dargestellt auf den königlichen Gewändern, so in dem Blumenkragen Tutanchamuns, in den nicht weniger als elf Alraunfrüchte als Fruchtbarkeits- und Liebessymbole eingebunden sind. Die Römer nannten die Mandragora *circeum* in der Meinung, die zaubermächtige Circe habe mit dem Saft dieser Pflanze die Mannen des leidgeprüften Odysseus in Schweine verwandelt.

Der wichtigste und begehrteste Teil der Alraun war deren fleischiger Wurzelstock, der mitunter so verzweigt ist, daß man bei einiger Phantasie ein kleines menschenähnliches Wesen mit Armen und Beinen zu erkennen glaubt. Deshalb hat man ja auch die Alraunwurzel im Sinne der zeitgemäßen Signaturlehre als „Erdmännchen" bezeichnet.

Das Ausgraben der echten Alraune vollzog sich, wenn man alten Chroniken Glauben schenken darf, unter Beschwörungen in hellen Mondnächten um die Sonnenwende und galt als recht gefahrvoll. Besonders wird darauf hingewiesen, daß die Zauberwurzel allein auf dem Richtplatz unter dem Galgen aus den Tränen − in anderer Version aus dem Samen − gehenkter Verbrecher sprießen könne. Das Leben des Gehenkten in sich aufnehmend, übe das „Galgenmännlein" magische, keinem Gegenzauber unterliegende Wirkungen aus. Geschäftstüchtige Henker und fahrende „Bukkelapotheker" verkauften die Alräunchen, deren Menschenähnlichkeit man nur zu oft mit dem Schnitzmesser nachgeholfen hatte, für sündhaft teures Geld, versteht sich. Theophrastus von Hohenheim, genannt Paracelsus (1493−1541) spottet in seinem *Liber de imaginibus* über die Einfalt und Leichtgläubigkeit seiner Zeitgenossen: Warum die Wurzel Alraun eines Menschen Gestalt, Angesicht, Hände und Füße habe, das sei betrogenes Tun und Bescheißerei.

Wo die echte Mandragora nicht aufzutreiben war, da brachte man kurzerhand Fälschungen in Umlauf, ähnlich gestaltete Wurzeln, so die Rhizome der Zaunrübe *(Bryonia)* und des Gelben Enzians *(Gentiana lutea)* oder die Wurzelstöcke des Allermannsharnisch *(Allium victorialis)*, die für den „kleinen Mann" ohnehin erschwinglicher waren. Die vielseitigen Eigenschaften der Wurzel haben im Mittelalter eine verbreitete Alraun-Sucht zur Folge gehabt. Die Obrigkeit, insbesondere die kirchliche, sah darin ein Paktieren mit

Gelber Enzian (*Gentiana lutea*). In allen Organen das Bitterstoffglykosid Genetiopikrin („Enzianbitter").

Rechte Seite: Bittersüßer Nachtschatten (*Solanum dulcamara*). In allen Organen das hochtoxische Glyko-Alkaloid Solanin.

100 v. Chr. verabreichten die alexandrinischen Ärzte vor schmerzhaften Eingriffen mit Wein hergestellte Auszüge der Mandragorawurzel zusammen mit Opium, um Kranke einzuschläfern. Bis auf unsere Tage hat sich diese Verwendung in Form der Kombinationspräparate von Scopolamin mit Opium-Alkaloiden erhalten. In Selbstversuchen hat es sich bestätigt, daß hohe Dosen der Alraunwirkstoffe zu einem zeitweiligen Erinnerungsverlust führen. Mandragora-Tinkturen verabreichte man früher auch zur Beseitigung von Koliken und behandelte mit ihnen Asthma, Keuchhusten und das lästige Heufieber.

Hunderterlei Aberglauben, phantasiebeschwingt und mit Wahrheit kaum belastet, geistert durch die vergangenen Jahrhunderte, und da sind es in besonderem Maße die Hexen und Druden, die in Zusammenhang mit schädlichen und giftigen Pflanzen immer wieder von sich reden gemacht haben. Vor allem in den uns erhalten gebliebenen Hexenprozeßakten des 16. und 17. Jahrhunderts ist oft von pflanzlichen Drogen die Rede, deren sich die Hexen in ihrem zauberischen Treiben bedient haben sollen.

Um als „Hexe" gebranntmarkt, vor Gericht gestellt und schließlich verbrannt zu werden, dazu bedurfte es keineswegs besonders triftiger Gründe. Vielleicht war die der Hexerei Bezichtigte lediglich Opfer einer Denunziation aus ihrer Nachbarschaft oder sie übte den Hebammenberuf aus, dem zu Zeiten allemal etwas Geheimnisvolles, Zauberisches anhaftete; ja es genügte, rote Haare zu haben, denn nach altem Volksglauben „steckt im Rotschopf der Teufel mitten drin".

Die mit heiligem Eifer geführten Protokolle führen tief hinein in die „ange-

dem Teufel. Einer der Anklagepunkte im Prozeß gegen Jeanne d'Arc soll der Besitz einer Alraune gewesen sein. Im Jahre 1611 erließ der Herzog Maximilian von Bayern ein Landgebot „wider Aberglauben, Zauberei, Hexerei und andere sträfliche Teufelskünste", das alle mit schweren Strafen bedrohte, welche die Mandragora ausgraben, „für unnatürliche Wirkung behalten und aufheben".

Die narkotische Wirkung der Alraune beruht, wie wir wissen, auf tropanen Alkaloiden, hauptsächlich Atropin, Scopolamin und Hyoscyamin. Bereits

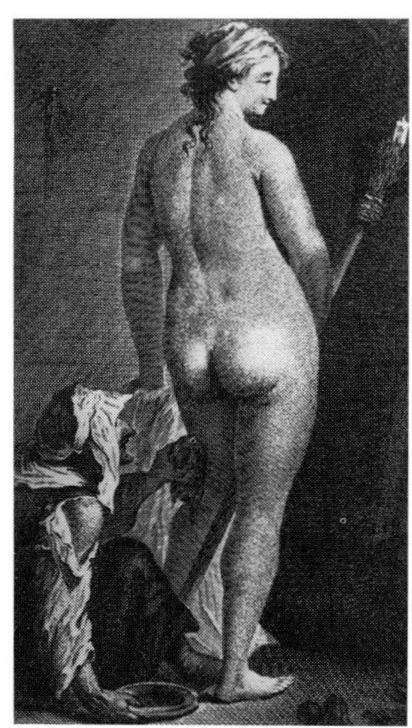

Mit aller genüßlichen Sorgfalt bereitet sich die verführerische Hexe für den Hexensabbat vor, wie auf diesem Stich aus dem 18. Jahrhundert dargestellt ist – unverkennbar die Symbolträchtigkeit des Besenstiels. Das Salben des nackten Körpers, die Einnahme von Zaubertränken, die nächtlichen Zaubersprüche und -gesänge, die orgiastische Ausgelassenheit bei den Hexenversammlungen, dazu die vorgebliche Anwesenheit des Teufels – all das hat die Phantasie des mittelalterlichen Menschen ungemein beschäftigt, insbesondere die Vorstellung des Mannes, der ja von den Ritualen ausgeschlossen war.

wandte Botanik" und lassen die erschreckenden Irrwege erkennen, welche die „liebenswerteste aller Wissenschaften" einstmals gegangen ist. Da liest man in den vergilbten Folianten alter Juristerei, die der Hexerei und „Buhlschaft mit dem Teufel" Beschuldigten hätten Salben zubereitet, getrocknete Kräuter zu Pulver verrieben und zu Zaubertränken vermischt, mit höchst wunderlichem Hokuspokus andere „wissentlich getäuscht, trunken und delierend gemacht, ja ihnen Liebe und Krankheit angetan und sie meuchlings durch Gift" heimtückisch umgebracht.

Im berüchtigten „Hexenhammer", dem *Malleus maleficarum* — einer 1487 veröffentlichten Darstellung des mittelalterlichen Hexenwesens, unter dessen Einfluß eine wahre Hochflut von Verfolgungen und Verbrennungen einsetzte — wird der Teufel ein „gar großer Kräuterkenner" genannt, der seine Anhänger die Geheimnisse der nützlichen und der giftigen Zauberpflanzen lehrt. Deshalb ist auch in diesen alten Verordnungen gegen das Hexenunwesen als hinreichender Grund zur „Einziehung einer gar verdächtigen Person" angeführt, daß man bei ihr „Öl, Kräuter, Salben, schädliche Pulver, Büchsen mit Ungeziefer und Menschengebein" gefunden habe. Auffallend oft sind in den alten Gerichtsakten die Hexentränke erwähnt; auch ist die Rede von einer „grünen Salbe", mit der sich angeblich die Hexen vor ihrer „Ausfahrt" einreiben würden. Heute kann es pharmakologisch als gesichert angesehen werden, daß Grundbestandteil dieser Salbenrezepturen die Säfte von Nachtschattenpflanzen, von Bilsenkraut, Tollkirsche und Bittersüß, gewesen sind; sicherlich wird man auch nicht auf die Ako-

nitine des Eisenhutkrautes verzichtet haben. Es sind dies alkaloide Wirkstoffe, die zunächst berauschend, dann zunehmend lähmend auf das Nervensystem Einfluß nehmen. Sie könnten möglicherweise auch die Autosuggestion der „Verwandlung in Tiere" ausgelöst haben. In den Hexenbüchern wird nämlich häufig behauptet, die Hexen hätten nach Belieben in die Gestalt von Hunden, Katzen und anderen bissigen Tieren schlüpfen können. In der Walpurgisnacht seien sie allemal auf Tieren zu ihren Versammlungsorten geritten, wo sie sich zauberischen Riten und wüsten Orgien hingegeben hätten. Sehr oft, heißt es, würden sie auf Besen durch die Luft fahren. Abgesehen von der eindeutig phallisch-sexuellen Symbolik des Besenstiels, bestehen Besen aus pflanzlichem Material; und das Gefühl des schwerelosen Fliegens erfahren viele, die Erfahrungen mit Halluzinogenen besitzen — der moderne Ausdruck für den Drogengenuß lautet ja auch zutreffend „auf den Trip gehen".

Die in den Hexenbüchern überlieferten Berichte von Halluzinationen und Visionen sind heute durch zahlreiche Selbstversuche bestätigt, sei es, daß Wissenschaftler nach den überlieferten Rezepturen Hexenträne mixten, sei es, daß sie sich reine Stechapfel- oder Tollkirschen-Alkaloide injizierten bzw. davon bereitete Salben in die Haut rieben, sei es, daß sie den Rauch von verbrannten Bilsenkrautsamen inhalierten. Nach übereinstimmenden Berichten verfielen sie in einen rauschähnlichen Schlaf, aus dem sie „wie trunken" erwachten.

Von geradezu tollen Traumerlebnissen berichtet der Volkskundler Prof. Peukert: Vor seinen Augen hätten fratzenhaft verzerrte Gesichter getanzt; urplötzlich habe er das Gefühl gehabt, meilenweit durch die Luft zu fliegen; es sei ein rasender, immer wieder durch jähe Stürze unterbrochener Flug gewesen. Mit der Vision eines orgiastischen Festes hätten die Traumszenen geendet. Andere Versuchspersonen glaubten unter der Einwirkung der Alkaloid-Drogen die Grenzen ihrer eigenen Körperlichkeit und Geistigkeit zu sprengen und sich in wilde Tiere zu verwandeln, in reissende Wölfe oder in Vögel von riesenhafter Gestalt.

Diese und andere für die Solanaceen-Vergiftung typischen Rauscherlebnisse decken sich auffallend mit den Aussagen der als Hexen Angeklagten, wie sie in den authentischen Protokollen der mittelalterlichen Prozesse aufgezeichnet sind. Wir müssen allerdings auch vermuten, daß nicht wenige der damaligen „Geständnisse" aus den Beschuldigten herausgefoltert wurden. Dies dürfte um so leichter gewesen sein, als die Wiedererwachenden ja noch völlig unter der Drogeneinwirkung gestanden haben mögen und wohl reichlich wirre Reden führten, was neuerlich den Verdacht des „Vom-Teufel-Besessenseins" verstärkte. Unwillkürlich denkt man an die moderne „Narkoanalyse" und die von Staatssicherheitsdiensten häufig praktizierte „Gehirnwäsche" mit dem Ziel, politische Geheimnisse auszukundschaften.

Die Korallenkirsche (*Solanum pseudocapsicum*) wird wegen ihrer leuchtend orangeroten Beerenfrüchte als dekorative Winter-Zimmerpflanze sehr geschätzt. Aber man sollte nicht vergessen, daß man es mit einem Vertreter der giftigen Nachtschattengewächse zu tun hat, einer typischen „Alkaloidfamilie".

Liebesmittel und Mordgifte

Auch unsere Kulturpflanze Kartoffel (*Solanum tuberosum*) ist ein Giftgewächs. Den höchsten Solaningehalt – etwa 1 Prozent – haben die unreifen Beeren.

Ein Heer von Wahrsagern, Zauberern, Zigeunern und Scharlatanen zog im Mittelalter durch die Lande, und die meisten unter ihnen waren zweifelsfrei gewiefte Botaniker, die sich in der Kräuterkunde recht gut ausgekannt haben dürften. Aus Nachtschattengewächsen, aber auch aus Hanfsamen, Mohn und Fliegenpilzen mischten sie sich nach allerlei Rezepturen Säfte und Salben zusammen, die angenehme Rauschzustände und Halluzinationen hervorriefen — was man dann für „innerlich Geschautes" hielt. Nicht selten fanden diese Giftmixturen als Liebestränke Verwendung, sie sollten bei einem selbst oder der umworbenen Person erotische Visionen und sexuelle Begierde erzeugen. Alte Natur- und Kulturvölker besitzen eine überraschende Kenntnis solcher Aphrodisiaka, so die südamerikanischen Indios und die Malaien, die, wie wir wissen, besonders starke Liebesmittel aus Pflanzendrogen verwenden, und nicht zuletzt die Ostasiaten. Aus ihrem Dasein ist seit Jahrtausenden die Ginseng-Pflanze *(Panax ginseng)*, ein Gewächs aus der Familie der Araliaceen, nicht wegzudenken; auch nicht in der Gegenwart, da eine weltweite, marktschreierische Werbung für die „Wurzel des langen Lebens" auf Hochtouren läuft. Längst vermag das Sammeln der wilden Ginsengwurzel in den Wäldern Nordkoreas und der Mandschurei den Bedarf nicht mehr zu befriedigen; so hat man die Pflanze längst in Kultur nehmen müssen.

Die Wirkungen, die man der sehr aromatischen Panaxwurzel — diesem „Geschenk der Götter" — zuschreibt, grenzen ans Unglaubliche. Die Droge, die im Fernen Osten unserer Alraun entspricht, enthält das Saponin Panaxinol, daneben sekundäre Glykoside, Gerb- und Bitterstoffe. Wohl besonders geschätzt ist Ginseng als Tonikum und Aphrodisiakum, als *das* Lebenselixier, das Kraft spendet und als Geriatrikum vor den Gebrechen des Alters bewahrt. Und je menschenähnlicher ihre Form ist und je mehr ihr knolligspindeliges Aussehen an die Genitalzone gemahnt, desto potenzsteigernder soll nach ostasiatischem Aberglauben auch ihr Genuß sein.

Auch in unserem Volke wuchern bis herein in die Gegenwart solcherlei Vorstellungen von den besonders aphrodisierenden Wirkungen mancher Pflanzen. So gilt seit eh und je der Schlangenknöterich *(Polygonum bistorta)* als echtes Aphrodisiakum, denn dieses Kraut macht, wie in einer alten Schrift zu lesen, „mit Wein getrunken Begier zur Unkeuschheit". Aus Eisenhut, Stechapfel und Bilsenkraut bereitete man im Mittelalter, wie schon erwähnt, die „Buhlsalben"; das Verlangen nach Ausschweifungen scheint doch mitunter größer gewesen zu sein als die Angst vor dem Scheiterhaufen. Hier spielt auch die damals gültige Signaturlehre herein, sie ließ manches Gewächs zum Liebesmittel werden. So regte das hodenartige Aussehen der Wurzeln mancher Knabenkräuter die Phantasie des Volkes an; darauf deuten schon Namen hin wie Bocksgeil, Stendelwurz und Venusblume. Der Duft der Gelben Wiesenraute *(Thalictrum flavum)*, eines Hahnenfußgewächses mit Blausäureglykosiden, ähnelt dem Geruch menschlichen Spermas, und daß die giftige Stinkmorchel *(Phallus impudicus)* ihres phallusähnlichen Aussehens wegen mit der Wollust in Verbindung gebracht wird, ist nur naheliegend.

Demgegenüber glaubt die Wissenschaft bis heute noch keinen einzigen pharmakologischen Wirkstoff gefunden zu haben, der Libido und Potenz direkt zu steigern imstande sei. Anderer Ansicht ist da eine gewisse, recht clevere Industrie, die sich heutzutage in jedem Sexshop um die Ecke etabliert. „Für die schönsten Stunden" werden Präparate en masse auf den Markt geworfen, als Pulver und Dragees, als Tee, Wein und Cocktail, als Cremes und Sprays, die den Partner „dynamisch, erfolgreich und liebenswürdig" machen und die „die intimen Probleme im Leben zu zweit" zu lösen vorgeben. Die Namen all dieser Tonika, Sexkapseln und Liebescremes sind Legion.

Regelmäßig tauchen als Wirkstoffe „für Lustgewinn und Liebesglück" von Naturvölkern übernommene Rezepturen auf. Das ist das „Potenzholz" *Muira puama* vom brasilianischen *Ptychopetalum*-Baum, eine „Wunderdroge von unbändig anregender, alle Hemmungen abbauender Sexualkraft" — so die einschlägige Werbung. Eine andere aphrodisische Droge ist Damiana, sie besteht aus getrockneten Blättern des Strauches *Turnera diffusa var. aphrodisiaca*. Diese aus Bolivien, Mexiko und Texas eingeführte Droge schmeckt bitter-aromatisch, steigert

Die Mandragora, die wohl berühmteste Art unter den giftigen Nachtschattengewächsen, hat in Mythologie und Geschichte vielfältigsten Niederschlag gefunden. Dieses ägyptische Kalksteinrelief aus dem 14. vorchristlichen Jahrhundert zeigt die Königin (Merit-Aton?), die ihrem Gemahl Smenchkare eine Mandragora als Zeichen der Liebe reicht. Ehem. Staatl. Museen, Berlin.

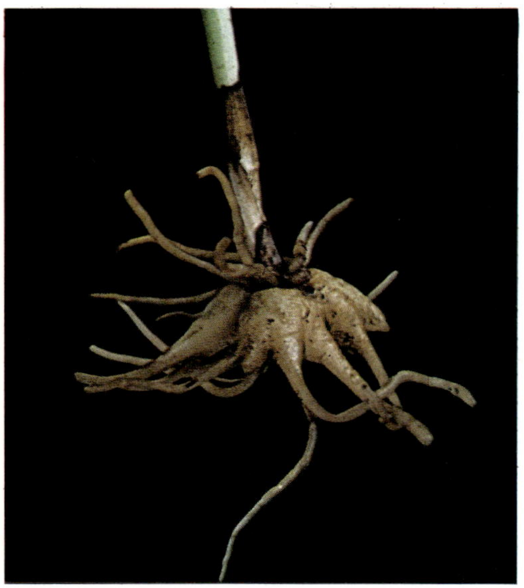

Schon in der Antike galten die Wurzelknollen der *Orchis*-Knabenkräuter ihrer „Signatur" wegen als den Geschlechtstrieb förderndes Mittel.

die Blutzufuhr zu den Genitalien und weckt dadurch sexuelles Verlangen. Darauf beruht auch die Wirkung des Yohimbin, eines aus der Rinde des Krappgewächses *Pausinystalia yohimba* isolierten Alkaloids, dessen sich die Eingeborenen von Kamerun bei Potenzschwäche seit eh und je bedienen. Die potenzstärkende Wirkung von Yohimbin haben übrigens neuerdings Forscher der kanadischen Queen's University bestätigt. Zehn Wochen schluckten die Versuchspersonen dreimal täglich sechs Milligramm der Substanz. Allerdings: Nach Absetzen des Aphrodisiakums kehrt die Impotenz mit Sicherheit wieder; so der Urologe Alvaro Morales von der Queen's University.

Nach wie vor umstritten ist die aphrodisische Wirkung des Haschisch. Die Erhöhung des erotischen Tastgefühls während eines Trips ist nach der Meinung von Timothy Leary ein zwar wohlbekanntes, aber wohlgehütetes Geheimnis unter Haschfreunden. Kein Geheimnis ist aber, daß seit vielen Jahrhunderten indische Brahmanen zur Luststeigerung Haschisch rauchen oder Bhang trinken.

Bekannt ist auch die Bindung von Sexualität und Betelkauen, dem man eine aphrodisische Wirkung zuspricht. So weit, so gut. Vielleicht hilft dies und das im Bett, dann nämlich, wenn einer nur fest daran glaubt. Längst wissen wir aber, und das ist die übereinstimmende Auffassung der Wissenschaft, daß Liebesmittel, welcher Art auch immer, nur wenig zu unterstützen vermögen, was unterstützungsbedürftig ist, und daß sie keine Gefühle wecken können, wo keine vorhanden sind.

Mit der Einführung des Christentums und der Gründung von Klöstern fanden mehr und mehr auch solche Pflanzen Interesse, welche die geschlechtliche Begierde nachhaltig hemmen. Seit alters bekannt sind dafür zum Beispiel der Diptam *(Dictamnus albus)*, aber auch der Fleckenschierling *Conium maculatum*. Von ihnen meint Hieronymus Bock (1498–1554), einer der ersten großen Herbalisten, sie gehörten zu den keuschen Ordensleuten, damit diese ihr Gelübde besser zu halten vermöchten.

Die Geschichte der Giftpflanzen ist auch, und das nicht zuletzt, eine Geschichte des Verbrechens, eine Folge von immer wiederkehrenden unheimlichen Giftmorden. Mit Nachtschatten-, Schierlings- und Pilzgiften wurden zu allen Zeiten unbequeme Menschen, sei es aus persönlichen oder politischen Motiven, kaltblütig beseitigt. Wir kennen zahlreiche Namen berühmt-berüchtigter Giftmörder, besonders von Giftmörderinnen; Erfahrungen und seherisches Wissen haben nun einmal das „Nahrung sammelnde, bereitende und wandelnde Weibliche", die Frau, seit der Frühzeit zur Entdeckerin und Hüterin der Heilpflanzen und Heiltränke, der Medizinen wie der Gifte gemacht. Meist war das Ansehen der Giftmischerinnen groß, man fürchtete sie aber auch und verachtete sie wie den Henker. Für nicht wenige von ihnen war der Giftmord ein lohnendes Geschäft, das Reichtümer und ein Leben in Luxus einbrachte – für andere, kriminalpsychologisch betrachtet, ganz einfach der perfekte Lustmord zur sexuellen Befriedigung.

Die ersten Giftmischerinnen erscheinen vor dem Hintergrund von Magie und Zauberei. Homer berichtet von der Göttin Circe, die mit einem Honigtrank die Gefährten des Odysseus

Weißer Diptam (*Dictamnus albus*). Bereits im frühen Mittelalter war der Diptam bekannt. Er wurde in Kloster- und Bauerngärten gezogen und als Heilmittel viel angewandt „wider den Schlangenstich und giftige Arzneien, wider die Pestilenz und alle andere Gifte", und zwar neben dem aus Samen und Blüten gewonnenen Öl vor allem die Wurzel (*Radix Dictamni albi*). Der Weiße Diptam – Leitpflanze der Steppenheide – steht unter strengem Naturschutz.

in Schweine verwandelte; zuvor hatte sie bekanntlich der Nymphe Szylla die Gestalt eines abscheulichen Seeungeheuers gegeben, indem sie unter Zaubergesängen „eine giftige Wurzel" über das Wasser streute.

Wie ein roter Faden zieht sich die Giftmischerei durch die Geschichte.

So hatte schon das Altertum seine „Gifthexen". Wir nennen nur die aus Gallien stammende Lucusta, die nach ihrer „Lehrzeit" bei Kaiser Claudius für Nero und dessen Mutter Agrippina arbeitete und in deren Auftrag den Rivalen Britannicus vergiftete mit einem Gemisch, wie man heute meint,

aus Bilsenkraut, Fingerhut und den Beerenfrüchten der Tollkirsche. Die Renaissance kannte die ebenso skrupellose wie machtbesessene Lucrezia Borgia, Herzogin von Ferrara, und die berüchtigte Tofana di Adamo, die hundert Jahre später in Palermo in die Hände des Henkers kam.

Eine wahre Epidemie von Giftmorden, hinter denen ausnahmslos Frauen standen, war in der zweiten Hälfte des 17. Jahrhunderts in Frankreich ausgebrochen, so daß man 1679 ein besonderes Tribunal, die *Cour des poisons*, einsetzen mußte. Traurige Berühmtheit erlangte die Marquise de Brinvilliers, die unter Mithilfe ihres Liebhabers Godin de Saint-Croix und mit Unterstützung eines Apothekers die Wirkung ihrer ausgeklügelten Morddrogen erst an Kranken und Armen auszuprobieren pflegte. Sie beseitigte mit widerwärtigsten Giftgebräuen hintereinander ihren Vater, zwei ihrer Brüder und schließlich auch die Schwester, um so das bereits beträchtliche Vermögen der d'Aubrays noch zu vergrößern. Nach ihrer Hinrichtung 1676 betrachtete das Volk diese verdammungswürdige Gifthexe als eine Heilige und Märtyrerin. Ihre Mixturen blieben geheim, in Paris aber ging das Giftmorden weiter.

Vier Jahre später stand die Madame La Voisin auf dem Scheiterhaufen. Sie hatte ihre Aufträge aus der Hofgesellschaft Ludwigs XIV. erhalten und mit „Liebespülverchen" und vergifteten Pasteten enorme Summen verdient. In der Hauptsache arbeitete sie mit Bilsenkraut und Arsen; ihre Opfer waren sowohl neugeborene und noch ungeborene Kinder als auch Prinzen und Beamte des Hofes.

Auch auf deutschem Boden war der Giftmord durch Frauenhand keineswegs fremd. Aufsehen erregten die makabren Fälle der Geheimrätin Sophie Charlotte Ursinus und der Anna Zwanziger in den dreißiger Jahren des vergangenen Jahrhunderts. Und da war noch das Scheusal Margareta von Bremen, der man 15 Giftmorde und ebenso viele Versuche nachweisen konnte — 1831 wurde sie hingerichtet. Bis in die jüngste Gegenwart nimmt die Öffentlichkeit mit Schaudern — und wie eh und je mit unverhohlener Sensationslust — an Prozessen gegen Giftmörderinnen Anteil, die aber heute ihre Opfer weniger mit Pflanzengiften, dafür mehr mit Pflanzenschutzmitteln, etwa dem Thiophosphorsäureester E 605, auf die Seite bringen.

Bei antiken Schriftstellern liest man immer wieder von Morden mit *venena terminata*, mit „Termingiften", welche erst nach längerer, angeblich vorausberechneter Zeit zum Tode führten. So berichtet Theophrast, der Aristoteles-Schüler, von genau dosierten Eisenhut-Gaben, die erst nach zwei, drei oder sechs Monaten tödlich gewirkt haben sollen.

Eine ähnlich schleichende Wirkung sagt man seit alters dem Camotillo-Gift nach, das die Indios Zentral- und Mittelamerikas aus den Knollen eines Yamsgewächses *(Dioscoreacee)* unter bestimmten, von den Medizinmännern streng geheim gehaltenen Zauberprozeduren gewinnen. Sie schwören darauf, man könne die Eintrittszeit der unbedingt tödlichen Giftwirkung genau berechnen. Tatsächlich führt der Camotillo durch fortschreitende Nervenlähmung erst nach Monaten, nach wechselvollen Dämmerzuständen, zum erlösenden Tod. Bei den furchtbaren Wirkstoffen dieser wilden, am Titicacasee noch in einer

Höhe von 3 800 Metern wachsenden Yamsknollen handelt es sich um hochgiftige mit den Herzglykosiden verwandte Steroidsaponine.

Herrscher, Päpste, die Mitglieder mächtiger und reicher Familien, Günstlinge und Mätressen — sie alle mußten in früheren Zeiten ständig damit rechnen, heimtückischen Giftanschlägen zum Opfer zu fallen. Verständlich, daß man sich auf jede nur erdenkliche Weise zu schützen suchte. Manche sahen ein, daß eine gute Kenntnis der Gifte immer noch der beste Schutz vor Giftattentaten sei. So ist von Attalos III. Philometor (171—133 v. Chr.), dem letzten König von Pergamon, bekannt, daß er einen privaten Giftgarten anlegte, in dem er Bilsenkraut, Schierling, Eisenhut, Tollkirsche, Nieswurz, Schlafmohn, Mandragora und andere Giftgewächse zu Versuchszwecken kultivierte, um Gegengifte zu finden, für die dann seine Sklaven als Versuchsopfer herhalten mußten.

In gleicher Weise experimentierte Mithridates, König von Pontus, mit dem Beinamen Eupator (132—63 v. Chr.), ein ebenso begabter wie hemmungsloser und grausamer Herrscher, der vor Anschlägen nie sicher war. Er vergiftete seine Sklaven mit Mineral- und Pflanzengiften, ließ sie von Schlangen, Kröten und Skorpionen beißen, um Wirkung und Verlauf der Vergiftung zu studieren. Ja, er ging noch weiter und unterzog sich Selbstversuchen mit den verschiedensten Giftstoffen, wobei er die Dosierung ständig steigerte, um mit der Zeit giftfest zu werden.

Als Gegengift par excellence galt über Jahrhunderte bis in die Neuzeit der Theriak. Im Mittelalter fehlte dieses Antidot in keiner Apotheke, wo es in eleganten Standgefäßen aufbewahrt wurde. Der Theriak soll aus wenigstens 50 verschiedenen Ingredienzien bestanden haben, unter denen sich neben pflanzlichen Giftstoffen Extrakte aus Giftschlangen und Kröten befanden — interessanterweise auch Entenblut. Man hatte wohl richtig beobachtet, daß Enten, wie auch andere Vögel, gegen hochgiftige Kräuter, besonders Nachtschattengewächse, „immun" sind, aber den falschen Schluß gezogen, die Tiere würden diese ihre Toleranz mit ihrem Blut an den Menschen weitergeben. In der Gegenwart kommt dem Theriak, der noch vor hundert Jahren in der *Pharmacopoea germanica* verzeichnet war — allerdings mit sehr viel weniger Bestandteilen —, keinerlei medizinische Bedeutung mehr zu.

Sicher ganz fehl am Platz wäre der Theriak in unseren Tagen, schon gar, wenn ein Giftattentat in James-Bond-Manier ausgeführt wird. Im Herbst 1978 ging durch die Presse die Meldung von einem geradezu teuflischen Giftanschlag in London. Auf offener Straße, an einer Bushaltestelle, rempelte, wie sich später herausstellte, ein Killer-Agent mit einem Regenschirm einen gewissen Georgi Markoff an. Vier Tage später war dieser Exil-Bulgare ein toter Mann. Aus der Schirmspitze des Attentäters war ihm Gift ins Bein geschossen worden. Das in einer winzigen Platinkugel enthaltene Gift war der hochtoxische Eiweißstoff Ricin aus den Samen der bekannten Rizinusstaude. Scotland Yard war dieser Giftstoff nicht unbekannt, auch nicht der Britischen Armee, die das Ricin als Kampfmittel schon erprobt, wegen der außerordentlichen Gefährlichkeit aber alle Bestände wieder vernichtet hatte.

Theriakbereitung. Nach einem Holzschnitt aus Brunschwygs *Buch der rechten Kunst zu distillieren zusamen gethanen Ding* (um 1500). Die beiden Personen an den Seiten des Tisches mit den zahlreichen Standgefäßen, in denen sich die Bestandteile zum Theriak befinden, stellen Arzt und Apotheker dar. Die beiden Fahnen an den Tischecken sind mit dem venezianischen Löwen verziert, da der venezianische Theriak sich einer besonderen Berühmtheit erfreute.

Gift wird zur Arznei –
Arznei zu Gift

Drogen aus dem Urwald

Das Bemühen, Krankheiten zu verhüten und zu heilen, ist so alt wie die Menschheit, und immer wieder hat sich die Pflanze mit den in ihr schlummernden Wirkstoffen dazu angeboten. Über Zeiten und Kulturen spannt sich der Bogen vom frühgeschichtlichen Heilritual über die Quacksalber und Wurzler des Mittelalters, die mit Beschreikräutern und Alrauntinkturen durch das Land zogen, und weiter über die Heilkunst des 16. und 17. Jahrhunderts, als der Arzt Botaniker sein mußte und der Botaniker Arzt zu sein pflegte, bis herein in unsere Gegenwart.

Ohne Pflanzen kommt die Medizin auch heute noch nicht aus. So manchem Leiden unseres modernen Lebens rückt man mit pflanzlichen Stoffen zu Leibe, und in nicht wenigen Fällen haben sich Herz- und Kreislauferkrankungen, Rheuma, Geschwüre, aber auch Folgen von Streß mit Erfolg behandeln lassen. So sind für die Medizin unserer Tage rein dargestellte Wirkstoffe zu unentbehrlichen Hilfsmitteln in der Therapie geworden; darunter sind etliche Drogen aus dem bewährten Arzneischatz primitiver Völkerschaften, ihrer Medizinmänner und Schamanen.

Denken wir nur an das Chinin. Für ungezählte Menschen sind die aus der Rinde des Chinarindenbaumes *Cinchona* isolierten Alkaloide zu einer echten Hilfe geworden; ohne deren heilkräftige Eigenschaften wären sie

wie Millionen vor ihnen an dem fürchterlichen „Sumpffieber", der Malaria, erkrankt und von ihm zu Tode gequält worden. Die Heimat der Cinchonen ist die Nebelwaldzone der südamerikanischen Kordilleren, wo sie in Höhen bis zu 3 000 Meter verstreut wachsen, mithin keine Reinbestände bilden. Gegen Ende des Dreißigjährigen Krieges kam das fiebersenkende, entzündungshemmende und schwach schmerzstillende Heilmittel der südamerikanischen Indios durch die spanischen Eroberer nach Europa.

Erst vor 160 Jahren gelang es den französischen Apothekern Caventou und Pelletier, aus der Fieberrinde das kristalline Chinin zu isolieren. Neben diesem Hauptwirkstoff sind heute etwa 25 engverwandte Alkaloide be-

Blühender Zweig des China- oder Fieberrindenbaumes. Nach Schmeil.

Brechwurzel (*Cephaëlis ipecacuanha*), eine niedrige, zu den Krappgewächsen gehörige Waldpflanze aus dem westlichen Brasilien. Zu der Gattung gehören weit über 100 Arten.

kannt, darunter Chinidin, Cinchonin und Cinchonidin. Das auch gegen die Erreger der Lungenentzündung und Grippe wirksame Chinin wird heute aus Chinarinden-Kulturen mit besonders hohem Alkaloidgehalt gewonnen. So hat die Wurzelrinde der auf Java angebauten *Cinchona ledgeriana* nahezu 13 Prozent Alkaloid, davon sind über 11 Prozent reines Chinin. Die Rinde schmeckt auffallend bitter,

Hundsgiftgewächs
Rauvolfia verticillata.

und dieser bittere Geschmack dürfte zur Entdeckung dieser Droge wesentlich beigetragen haben; denn seit der Antike war im medizinischen Denken das Prinzip: bitter = fieberwidrig eingewurzelt.

Eine andere indianische Droge ist Ipecacuanha, die „Brechwurzel" von *Cephaëlis ipecacuanha*, einem Krappgewächs aus dem westlichen Brasilien. Der Name kommt aus der Tupissprache und soll etwa „brechenerregendes Kraut am Wege" bedeuten. Erstmals wurde die Droge um das Jahr 1570 erwähnt, doch erst 100 Jahre später kam sie nach Europa, wo sie sich im Laufe der Zeit einen festen Platz unter den Heildrogen eroberte. Die Wirkstoffe dieser Droge sind Alkaloide, in erster Linie Emetin, Cephaëlin und Psychotrin. *Radix Ipecacuanhae* wurde früher als Brechmittel gebraucht, heute dient die Droge als Expektorans, als auswurfförderndes Mittel, bei Schleimhautentzündungen der oberen Luftwege. In Südamerika bezeichnet man mit dem Namen *Ipecacuanha* eine ganze Anzahl verschiedener Wurzeln mit emetischen Eigenschaften, so die Panama-Brechwurz. Ihre Stammpflanze ist *Cephaëlis acuminata*, die einen besonders hohen Cephaëlin-Gehalt hat. Von den Reinalkaloiden dient das Emetin als Chemotherapeutikum gegen die in den Tropen sehr verbreitete Amöbendysenterie, die äußerst gefürchtete Amöbenruhr.

Lange Zeit blieb der Medizin die Heilkraft der *Rauvolfia*-Schlangenwurz verborgen. Die unterirdischen Organe und Blätter dieses Hundsgiftgewächses aus dem tropischen Südasien waren bereits um 1000 v. Chr. unter dem Namen *Ajurvedic* in der indischen Heilkunde als Mittel gegen Schlangenbisse und Insektenstiche, bei Fieber

und Ruhr, ja selbst zur Behandlung von Epilepsie und Geisteskrankheiten hochgeschätzt. Erstmals wurde die Droge 1690 von Rumphius erwähnt; in seinem Werk *Herbarium Amboinense* (1741) findet sich der Hinweis, die Rauvolfie stelle ein Gegenmittel gegen sämtliche Gifte dar, erlöse von Ängsten und Schmerzen und anderen Nöten, vertreibe, als Heiltrank genossen, Fieber und Brechreiz, mache eine gesunde Haut und sei für das Sehvermögen sehr förderlich. Wohl entdeckte bereits 1933 Chopra die blutdrucksenkende Wirkung von *Rauvolfia*-Extrakten, doch erst nach der Isolierung des Hauptalkaloids Reserpin im Jahre 1952 wurde die westliche Welt auf diese Droge aufmerksam. Pharmakognostisch interessant sind zwei weitere Reinalkaloide von *Rauvolfia*: das Ajmalin als Mittel gegen Herzrhythmusstörungen und das Raubasin zur Verbesserung der Organdurchblutung. Von der sedativen, beruhigenden Wirkung des Reserpin-Alkaloids wird in der Psychiatrie als „Tranquilizer" Gebrauch gemacht.

Der Katalog uralter Therapeutika aus Giftgewächsen ist unerschöpflich. Denken wir nur an den Rizinus-„Wunderbaum", eine aus dem tropischen Afrika stammende Pflanze, bei uns als schöne Zierstaude in Gartenanlagen nicht gerade selten. Die bohnenähnlichen Samen von *Ricinus communis* enthalten nach dem Auspressen des Öls das reine Ricin. Rizinus wird seit den ältesten Zeiten kultiviert, es befand sich bereits unter den Medizinen Altägyptens. Im Altertum wurde das Öl der Rizinussamen als Brennöl verwendet. Als Abführmittel kam es hingegen erst im 18. Jahrhundert auf. In jüngster Zeit bekanntgeworden sind erfolgversprechende Tierversuche, mit Hilfe biochemischer Kunstgriffe Ricin-Moleküle als „Killer" in Krebszellen von Mäusen einzuschleusen. Dabei zeigt es sich, daß schon ein einziges Ricin-Molekül imstande ist, die gesamte Eiweißproduktion im Innern einer Zelle zu blockieren und sie abzutöten. So behandelte die Immunbiologin Ellen Vitetta von der Universität Dallas/Texas mit sogenannten „Kombi-Killern" aus Antikörpern und dem Zellgift Ricin – in der Sprache der Wissenschaft „Chimären mit selektivtoxischer Wirkung" – Mäuse mit lymphatischer Leukämie, einer besonders bösartigen Form von Blutkrebs. Die Ricin-Behandlung verlängerte das Leben der krebskranken Tiere um ein Vielfaches. Was sich bis jetzt in Tierversuchen bewährt hat, eröffnet uns möglicherweise neue Wege in der Krebstherapie.

Toxische Eiweiße vom Typ des Ricins kommen außer in der Rizinuspflanze auch in den Samen von *Croton tiglium*, einem Wolfsmilchgewächs des tropischen Asien, wie auch in den unreifen, sehr giftigen Samen der jetzt bei uns heimischen Gartenbohne *(Phaseolus vulgaris)* vor, wovon noch die Rede sein wird.

Wohl zu den ältesten bekannten Medizinen gehören Mohnpräparate. Nach Mohnkapsel-Funden in den Pfahlbauten am Bodensee dürften in Mitteleuropa Kulturen von *Papaver somniferum*, dem Schlafmohn, bereits vor mehr als 2 000 Jahren bestanden haben. Als Schlafmittel und Narkotikum spielte Opium aber sicher bereits im 7. Jahrhundert vor der Zeitrechnung eine wichtige Rolle, wie Tontafeln aus der Bibliothek des Assyrerkönigs Assurbanipal (669−626 v. Chr.) in Ninive bezeugen. Die Kenntnis des Opiums fand mit großer Wahrschein-

lichkeit bereits früher vom Zweistrom-
land aus den Weg nach Kleinasien,
Ägypten und Persien. Die Griechen
dürften nach der übereinstimmenden
Ansicht der Wissenschaft die Kenntnis
der Opiumgewinnung beim Feldzug
Alexanders des Großen nach Indien
erlangt haben. Aus dieser Zeit stammt
nämlich die „Pflanzengeschichte" von
Theophrast, worin er die Gewinnung
des Mohnsaftes durch Anritzen der
Kapseln beschreibt. Von den Griechen ging die Kenntnis des Opiums
auf die Römer über, und von da an ist
dieses Schmerzmittel mit seiner einzig-
artigen Wirkung aus der Medizin nicht
mehr wegzudenken.

In den amtlichen Arzneibüchern, den
Pharmakopöen, ist längst manches
Heilmittel als offizinell aufgenommen,
dessen Wirkstoffe von solchen tropischen Giftgewächsen stammen, aus
denen Naturvölker Pfeilgifte und Tier-
köder zubereiten. So benutzen die
Eingeborenen des Amazonasgebietes,
in Malaysia ebenso wie im zentralen
und westlichen Afrika zum Vergiften
ihrer Pfeile und Speere bei der Jagd —
früher wohl auch zur „Beilegung" von
Familien- und Stammesfehden — den
Saft verschiedener Giftpflanzen aus
der Familie der Logan-, Hundsgift-
und Mondsamengewächse.

Die wichtigsten und als Pfeilgifte am
meisten gefürchteten Giftpflanzen
sind die *Strychnos*- und *Strophanthus*-
Arten, deren Alkaloide heute medizinisch in Gebrauch sind. Die Samen
der mit mehr als hundert Arten über
die Tropen der ganzen Welt verbreiteten Strychnospflanzen — des Strych-
ninbaumes *(Strychnos nux-vomica)*
und der Ignatiusbohne *(Strychnos
ignatii)*, einer mit Hakenranken klet-
ternden Liane — enthalten bis 3 Prozent Alkaloide, die Hälfte davon rei-

nes Strychnin. Die Droge kam im
15. Jahrhundert nach Europa und
wurde hier vor allem zur Vergiftung
von Raubwild und Nagetieren verwendet. Das äußerst bittere Strychnin findet bei Kreislaufschäden, Lähmungen
aller Art, bei Schlafmittelvergiftung
und nach Schlangenbissen Anwendung. Eine echte Vergiftung durch
Strychnin — 30 bis 100 Milligramm
können für einen erwachsenen Menschen bereits tödlich sein — äußert
sich starrkrampfartig; der Tod tritt
durch Atemlähmung ein. Brechener-
regend ist nur der Same von *Strychnos
potatorum*.

Robinie (*Robinia
pseudoacacia*). Die Rinde
enthält bis zu 2 Prozent das
Toxalbumin Robin, daneben
Phasin – das auch in den Samen
der Gartenbohne zu finden ist –
und außerdem das Glykosid
Syringin, das ja auch vom
Flieder bekannt ist. In jedem
Falle sind Sägemehl und
Sägestaub bei der Verarbeitung
des giftigen Robinienholzes
nicht unbedenklich.

Eine andere und besonders gefürchtete Wirkung hat das indianische Pfeilgift Curare, das aus der Rinde süd-
amerikanischer *Strychnos*-Arten —
vor allem von der strychninfreien Art
Strychnos toxifera — sowie aus dem
Wurzelstock von *Chondrodendron to-
mentosum*, einem brasilianischen
Mondsamengewächs, gewonnen wird.
Die Curare-Alkaloide, deren Zusammensetzung je nach der Herkunft der
Pflanze schwankt, wirken nur, wenn
sie unmittelbar ins Blut gelangen, also
durch die Pfeilwunde. Vom Magen
und Darm her ist das Curare unwirk-
sam, darum können auch die mit Pfeilgift erlegten Tiere ohne Schaden verzehrt werden, wenn nur die Umgebung der Wunde ausgeschnitten wird.
Jahrhundertelang wußten die Indios
das Geheimnis der Curare-Zuberei-
tung vor Fremden zu schützen — sie
war und blieb eine echte magisch-me-
dizinische Kunst. Selbst heute noch,
da längt reines Curare synthetisch in
sterilen Ampullen den Medizinern in
aller Welt zur Verfügung steht, sind
nur wenige Stammesälteste, Medizinmänner und Zauberer in das Ritual
eingeweiht; Frauen dürfen nach übereinstimmenden Berichten bei der Gift-
bereitung nicht zugegen sein.
Blätter, Wurzeln und Rindenstücke,
aber auch Blüten und Samenkerne der
Pflanzen werden zerrieben und die
Wirkstoffe mit kochendem Wasser ex-
trahiert. Häufig setzt man zur Steigerung der Giftwirkung während des
Auskochens verschiedene Ingredienzien zu: neben weiteren Giftpflanzen
(Euphorbien-Milchsaft, Blattsaft von
Aloë-Arten, Croton- und Jatropha-Öl
u. a.) auch Schlangenköpfe, Kröten,
Eidechsen, Insekten und Krokodils-
galle, bis schließlich durch Eindicken
eine harzige Masse entsteht, die dann
auf die Pfeilspitze gestrichen wird. In
den Handel kommt der Giftstoff als
das schwächere, für den Fischfang gebräuchliche Tubocurare in Bambus-
röhren, als das mäßig wirksame Topf-
curare, das in Tontöpfen aufbewahrt
wird, und als das stark giftige Kalebas-
sencurare in ausgehöhlten Flaschen-
kürbissen.
Im Laboratorium ist es gelungen, aus
dem Curare-Extrakt mehr als 60 verschiedene hochpotente Alkaloide zu
isolieren, von denen sich das Toxiferin
als das wohl stärkste aller bisher bekannten Pflanzengifte erwiesen hat.
Schon der hundertste Teil eines Milli-
gramms bewirkt eine Lähmung, die
vom Kopf über Arme, Beine, Rumpf
und Nacken zum Zwerchfell hin unaufhaltsam fortschreitet. Curare greift
an den motorischen Endplatten der
Nerven an und lähmt dadurch jede
Bewegung, ohne das Bewußtsein zu
stören. Daß Ermüdung die Wirkung
des Giftes erhöht, daß mithin durch
Hetzen ermattetes Wild dem Curare-
Toxin schneller erliegt als ruhendes,
wissen die Indios.
Bemerkenswert ist, daß die muskel-
lähmende Wirkung des Curaregiftes
schnell und vollkommen durch Ein-
spritzen weniger Milligramm Physo-
stigmin aufgehoben werden kann. Es
ist dies das Hauptalkaloid aus den Samen von *Physostigma venenosum*, der
Kalabarbohne, einer rotblühenden
westafrikanischen Liane. Dieses Phy-
sostigmin wird in der Augenheilkunde
als pupillenverengendes Medikament
(Miotikum) benutzt. Gleichzeitig
senkt es den Augeninnendruck und
dient deshalb auch zur Behandlung
des Grünen Stars (Glaukom). Die
Giftmenge eines einzigen Samens von
Physostigma reicht aus, um einen
Menschen zu töten.

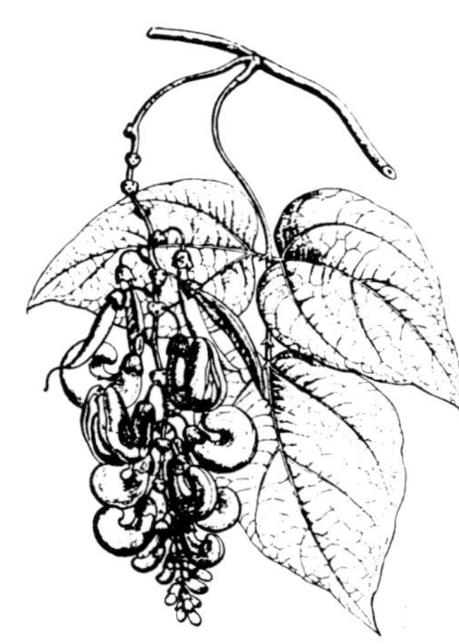

Die Kalabarbohne *Physostigma
venenosum* wird seit
Jahrhunderten in Westafrika zur
Durchführung von
Gottesgerichten benutzt.

Die Kalabarbohne war bereits im alten Ägypten als „Priestergift" bekannt und wird noch heute bei einigen afrikanischen Stämmen im Rahmen der berüchtigten „Gottesurteile" angewendet. Dabei muß der eines Verbrechens Angeklagte die giftigen Samen verschlucken; wenn er sie erbricht und ohne Schaden bleibt, gilt dies als Beweis seiner Unschuld, ist er aber schuldig, dann erliegt er unter schweren Vergiftungssymptomen. Noch 1959 ging durch die Presse die Meldung, daß im Nweka-Territorium (ehem. Belgisch-Kongo) solche „Wahrheitsbeweise" durchgeführt wurden. Für den primitiven Menschen ist das Gift keine chemische, zum Tode führende Substanz, vielmehr ist es einzig und allein die Schuld, welche das Gift erst wirksam macht.

Das Curaregift hat dazu beigetragen, wertvolle Einblicke in die Nerven- und Muskelphysiologie zu gewinnen, und sie hat neue Wege in der Narkosetechnik aufgezeigt. Curarine werden häufig da angewandt, wo eine rasche Erschlaffung der Muskulatur ohne eine tiefe Schmerzausschaltung erreicht werden soll.

Neben den *Strychnos*-Pflanzen benutzt man in Afrika und Malaysia zur Herstellung hochwirksamer Jagd- und Kampfgifte die *Strophanthus*-Schlinggewächse, deren Samen Herzglykoside enthalten. Sie verursachen „Erstarrung der Zunge, wenn man nur das kleinste Teilchen davon kostet", berichtete Livingstone, der auf einer seiner großen Forschungsreisen 1859 die Eingeborenen des Sambesigebietes bei der Zubereitung strophanthinhaltiger Pfeilgifte beobachtete.

Wie die Digitalis-Wirkstoffe sind auch die Strophanthine aus der modernen Herztherapie nicht mehr wegzudenken, die allerdings rascher wirken als die Glykoside des Fingerhutes und darum bei lebensbedrohender, akuter Herzschwäche und chronischem Herzmuskelversagen intravenös gegeben werden. Wegen der schnellen Wirkung muß allerdings sehr vorsichtig dosiert werden — 0,1 bis maximal 0,5 Milligramm als Einzeldosis. Strophanthin und Digitalis haben ihren abgegrenzten Indikationsbereich. Recht anschaulich erscheint der Vergleich von Fromm: Strophanthin ist „wie Champagner, schnell kräftigend, aber flüchtig"; das Digitalis-Glykosid des Roten Fingerhutes hingegen ist „schwerflüssiger Portwein, allmählich wirkend, jedoch von anhaltender Dauer".

Sicher wird unser Arzneischatz eines Tages um neue und wirksame Präparate erweitert werden, die sich auf noch nicht bekannte oder noch nicht analysierte Eingeborenengifte aus den tropischen Dschungeln und Steppen stützen.

Blühende *Strophanthus*-Pflanze, eine tropische Liane. Auffallend die in langen Fäden auslaufenden Kronblätter. Das Glykosid dieses Hundsgiftgewächses wird in seiner Wirkung auf die Herztätigkeit für die Jagd ebenso geschätzt wie für die Chirurgie.

Aus dem Giftschrank
der Volksmedizin

In Jahrtausenden hat sich die Pflanze als ein wahrhaft unerschöpflicher Arzneischatz erwiesen. So lang und verschlungen ihr Weg von der heilkräftigen Wildpflanze zur Anwendung in der modernen Medizin auch erscheint, wird doch immer wieder dies eine deutlich: Arznei und Gift stehen aufs engste beieinander. Gift kann zum wertvollen Heilmittel werden, Arznei aber auch zum unheilvollen Toxin – „allein die Dosis macht, daß ein Ding kein Gift sei", sagt schon Paracelsus (1493 [?]–1541).

Nicht allein die fernen Tropen, auch unsere heimischen Wälder, Wiesen und Auen sind überreich an Pflanzen, die nützliche, schädigende, ja selbst todbringende Wirkstoffe enthalten. Gar manches Gewächs ist längst zu einem unentbehrlichen Medikament geworden, andere wiederum sind und bleiben heimtückische Gifte.

Denken wir nur an den Eisenhut (*Aconitum*) mit seinem hochtoxischen, auf das Zentralnervensystem wirkenden Alkaloid Aconitin. Die Medizin benutzt diese Droge, die dereinst zu den meistgebrauchten Mordgiften gehörte, als schmerzlinderndes und fiebersenkendes Mittel wie auch bei der Behandlung der Atemwege. Eine der wichtigsten herzwirksamen Drogen auf pflanzlicher Basis sind die schon erwähnten Digitalis-Glykoside, die bei uns in der Hauptsache aus dem Roten Fingerhut (*Digitalis purpurea*) gewonnen werden.

Die Alkaloide des an Roggen und anderen Getreidearten parasitisch lebenden Mutterkornpilzes (*Claviceps purpurea*) haben schon viele Opfer gefordert und nehmen in der Frauenheilkunde und Geburtshilfe längst einen hohen Rang ein, genau gesagt, seit Ende des 17. Jahrhunderts; da nämlich führte Camarus in Tübingen das *Secale cornutum* in die Geburtshilfe-Praxis ein. Das eigentliche oxytozische (wehenerregende) Mutterkornalkaloid ist das Ergometrin. Ihm gegenüber tritt die gynäkologische Verwendung des Ergotamin zurück. Man gebraucht es in der Neurologie, bei

Herbstzeitlose (*Colchicum autumnale*). Seit der Mitte des 17. Jahrhunderts wird die Wurzel in der europäischen Medizin als Gichtmittel verwendet. Durch seine kapillarschädigende Wirkung steht das vor allem in der Blüte stärker konzentrierte Colchicin dem Arsenik sehr nahe.

Rechte Seite: Frühlings-Adonisröschen (*Adonis vernalis*). Alle Teile dieses Hahnenfußgewächses sind giftig, insbesondere der Wurzelstock, der im Mittelalter als Abführmittel viel genutzt wurde. Seiner Herzglykoside wegen sind *Herba* und *Radix Adonidis* offizinell und kommen in kombinierten Herz- und Kreislaufpräparaten zur Anwendung.

der Schilddrüsen-Überfunktion (Basedow) wie auch bei klimakterischen Beschwerden.

Eine hochtoxische Giftpflanze ist der Gefleckte Schierling *(Conium maculatum),* der durch den Tod des Sokrates im Jahre 399 vor Christus historische und literarische Berühmtheit erlangt hat. Dieser coniinhaltige Doldenblütler war früher einmal offizinell. Blätter und blühende Zweigspitzen *(Herba Conii)* galten als beruhigende, schmerzstillende und krampflösende Heilmittel, außerdem als Antaphrodisiakum.

Da gibt es ferner die jedermann bekannte Herbstzeitlose *(Colchicum autumnale)*, die „ganz außer der Zeit" ihre zarten Blüten öffnet. In allen Organen findet sich das Colchicin, ein echtes Kapillargift, das dem Arsenik sehr nahe steht. Wertvoll ist seine therapeutische Wirkung bei akuten Gichtanfällen; außerdem ist es ein „Mitosehemmgift" und wird heute versuchsweise bei Krebsleiden eingesetzt, wo es die Beschwerden zu bessern vermag. Wichtig ist eine penible Dosierung – die tödliche Dosis liegt bei Erwachsenen bei 20 Milligramm! Schon seit dem Altertum bekannt ist die starke Giftigkeit des Taumel-Lolchs *(Lolium temulentum)*, seine Samen enthalten das zentrallähmende

Der Rainfarn (*Chrysanthemum vulgare*) ist eine alte Heilpflanze und gilt seit alters auch als besonders dämonenabwehrendes Zaubergewächs. Darauf beziehen sich volkstümliche Namen wie *Wurmkraut, Mutterkraut, Donnerblume, Drusenkraut.*

Alkaloid Temulin. Die Droge findet nur in der Homöopathie Verwendung, so bei neuralgischen, rheumatischen und gichtischen Affektionen, bei Magenkoliken und Gliederzittern, bei Schwindel und Nasenbluten.

Eine der volkstümlichsten Heilpflanzen ist die Arnika *(Arnica montana),* dieser prächtige Schmuck der Alpenmatten. Vom „Berg-Wohlverleih" werden sowohl der angenehm würzig riechende Wurzelstock wie auch die großen Blütenstände *(Radix et Flores Arnicae)* medizinisch genutzt. Die offizinellen Arnikablüten enthalten außer ätherischem Öl und Gerbstoff den giftigen Bitterstoff Arnicin. Die antiseptische, entzündungswidrige und wundheilfördernde Wirkung der „Arnikatinktur" ist in erster Linie dem Blütenöl zuzuschreiben. Zu Abtreibungszwecken mißbrauchte hohe Dosen von Arnika, vor allem selbstbereitete spirituöse Auszüge aus Arnikablüten, haben öfter schon zu schweren Vergiftungen geführt.

Offizinell war früher *Radix Saponariae,* der saponinhaltige Wurzelstock des Seifenkrautes *(Saponaria officinalis),* und zwar wegen seiner schweißfördernden, abführenden und harntreibenden Wirkung. Im Volke wurde das Seifenkraut auch als Abführmittel und außerdem — zum Fleckenentfernen benutzt. An medizinischer Bedeutung hat heute wieder das unter Naturschutz stehende Adonisröschen *(Adonis vernalis)* gewonnen. Die Inhaltsstoffe von *Herba Adonitis* – die Herzglykoside Adonitoxin, Cymarin und Adonitoxol – besitzen einen echten Digitaliseffekt, der bei Angina pectoris, Myocarditis (Herzmuskelerkrankung) sowie als Dauermedikament bei altersdegeneriertem Herzen genutzt wird.

Frühzeitig erkannte die Volksmedizin die wurmwidrigen Eigenschaften des ätherischen Öls *(Oleum Tanaceti)* von Rainfarn *(Chrysanthemum vulgare).* Äußerlich nahm man das frische, zerdrückte Kraut des „Ackerfarns" bei Quetschungen und Krampfadern, innerlich bei Magenkrämpfen und Blasenleiden sowie zum Abtreiben der Leibesfrucht, was dann freilich zu schwersten Vergiftungserscheinungen, selbst bis zum Tod durch Kreislauf- und Atemstillstand führte. In der Volksmedizin hochgeschätzt ist der Löwenzahn *(Taraxacum officinale),* den als Butter-, Kuh- oder Ringelblume wohl jedes Kind kennt. Der in allen Teilen, am reichlichsten in Rhizom und Wurzel vorkommende bitter schmeckende Milchsaft enthält den N-freien Wirkstoff Taraxacin. Das im Juli—August gegrabene Rhizom liefert ein blutdruckregulierendes und verdauungsförderndes Mittel. Vergiftungen kommen gar nicht so selten bei Kindern vor, wenn sie die zum „Kettenmachen" benutzten Blütenstengel aussaugen. Übelkeit, Brechdurchfälle und Herzrhythmusstörungen sind dann meist die schlimmen Folgen.

Das Wissen um die besondere Wirkung mancher Pflanzen ist eines der Hauptelemente „volkstümlicher" Heilkunde, die bis auf den heutigen Tag unzertrennbar mit der „wissenschaftlichen" Medizin verbunden ist, verbunden durch ein gemeinsames Ziel, nämlich dem Kranken zu helfen, die Gesundheit zurückzuerhalten, und geeint durch die Erfahrung am Krankenbett. Immer noch suchen Millionen Kranke in der Dritten Welt Hilfe überwiegend bei Medizinmännern, Schamanen und „weisen Frauen".

Löwenzahn (*Taraxacum officinale*). Nicht weniger als 60 Arten hat die Gattung *Taraxacum*, und es gibt keinen Erdteil, auf dem nicht wenigstens eine davon vorkäme. Auf jeder Wiese, jedem Grasplatz findet man den „gewöhnlichen" Löwenzahn, und ebensowenig fehlt die „Butterblume" im arktischen Nordamerika oder in den Hochgebirgen Asiens. In allen seinen Teilen enthält dieser Korbblütler einen bitterschmeckenden Milchsaft mit dem Bitterstoffglykosid Taraxacin. Für Kinder kann die „Pusteblume" unter Umständen gefährlich werden!

Wolliger Schneeball (*Viburnum lantana*). Die verlockend aussehenden „Schwindelbeeren" enthalten einen chemisch noch nicht erforschten Bitterstoff.

Rechte Seite: Stranddistel *Eryngium maritimum*. Das frische Kraut dieser Saponinpflanze findet in der Homöopathie Verwendung.

und fortgebildete Medizinmänner die Gesundheit von Millionen Unterversorgter bessern helfen. Heute werden in der Tat in zunehmendem Maße Schamanen und Medizinmänner als Vermittler eingesetzt zwischen ihren Stammesangehörigen, die alle mehr oder weniger an einflußreiche Geister glauben, und den „aufgeklärten Weißkitteln" westlicher Prägung mit ihrem Spezialistentum und ihrer teuren, anonymen „Apparatemedizin".

In unseren Landen kurierte sich viele Jahrhunderte das Volk selbst an Hand mündlich überlieferter oder niedergeschriebener Rezepturen. Wenn man schon nicht einen ordentlichen „Medicus" aufsuchte, den sich ohnehin nur die Reichen leisten konnten, fand man anderenfalls mit Sicherheit den Weg zu Rufärzten, Marktschreiern, Zahnbrechern, fahrendem Zigeunervolk oder irgendwelchen alten Weibern, die, wie es in einer alten Schrift heißt, samt und sonders „den Leuten genug Heller abklauben und abgaunern". Nicht wenige vertrauten sich der Therapie kräuterkundiger Mönche und Leutpriester an – immerhin gab es im Mittelalter landab, landauf Klostergärten, und jeder hatte sein sorgsam angelegtes Medizingärtlein. Apotheker Besler schuf 1597 mit Unterstützung des reichen Bischofs von Eichstätt einen riesigen Kräutergarten, aus dem er über tausend seltene Gewächse in seinem Prachtwerk *Hortus Eystettensis* (1613) veröffentlichte. Zahlreiche Universitäten hatten ihre eigenen wissenschaftlichen Gartenanlagen, wie etwa im niederländischen Leiden oder in Altdorf bei Nürnberg. In den zahlreichen lateinisch geschriebenen „Rezeptierbüchern" der damaligen Zeit stecken unendlich viel Wissen und medizinische Erfahrung mit-

Wirksam auch nach westlichen Maßstäben sind die Erkenntnisse und Praktiken altüberlieferter Heilkunden, etwa des hinduistischen Ajurweda und der chinesischen Medizin. Im Mittelpunkt steht dabei die Nutzung wertvoller pflanzlicher Wirkstoffe. Nach dem Willen der Weltgesundheitsorganisation (WHO), die enttäuscht ist vom geringen Erfolg westlicher Medizin in den Entwicklungsländern, sollen auch „Barfußdoktoren"

Mittelalterliche Apotheke nach einem Holzschnitt um 1500. Regelmäßig sind auf solchen alten Darstellungen die Gefäße abgebildet, in denen die Arzneistoffe vorrätig gehalten werden: destilliertes Wasser und Essige beispielsweise in Ton- und Steingutbehältern, Sirupe in krugförmigen Gefäßen; Kräuter und Wurzeln, die in größeren Mengen gebraucht wurden, in Holzschachteln.

unter von Jahrtausenden — etwa aus den Weden des Sanskrit oder den Rezeptsammlungen des Kaisers Shen Nung (um 2700 v. Chr.), der als der Vater der chinesischen Medizin gilt. Mit Eifer studierte man in den Klöstern die *Prognostica*, die Diagnosenlehre des Hippokrates (460—377 v. Chr.) und das fragmentarisch überlieferte Werk des Theophrast (372—287 v. Chr.). Man vertiefte sich in die *Historia naturalis libri* des Älteren Plinius (23—79 n. Chr.) und in die nicht weniger als 600 Heilpflanzen enthaltende Arzneimittellehre des Dioskurides, des berühmten griechischen Arztes des ersten Jahrhunderts nach Christus. Viele für die Praxis wertvolle Kenntnisse zog man aus den medizinisch-naturwissenschaftlichen Werken der gelehrten Äbtissin Hildegard von Bingen (1098—1179) und sicherlich auch aus dem einen oder anderen Kräuterbuch, deren es im 15. und 16. Jahrhundert nicht wenige gab. Zugegeben, viele Werke steckten voller Plagiate, Ungenauigkeiten, alter Mythen und unbewiesener Thesen — immerhin, es war das „Goldene Zeitalter der Arzneikräuterkunde".

Unbestritten ist, daß der volkstümlichen Medizin viele Kenntnisse der Heil- und Giftpflanzen durch einfache, naturverbundene Menschen vermittelt worden sind, durch Jäger, Hirten und Bauern und sicher auch durch die Kräuter- und Wurzelfrauen. Sie gab es schon bei den Naturvölkern, und im alten Griechenland waren sie als die „thessalischen und phrygischen Weiber" und bei den Römern als die *sagae* bekannt. Diese standen im Ruf, sich mit allerlei Zauberei und Magie zu beschäftigen und aus den gesammelten Pflanzen Abtreibungsmittel, Schlaf- und Liebestränke und — wenn es gewünscht wurde — auch Mordgifte zu bereiten.

Seit dem ersten Aufkommen der Arzneimittelhandlungen in Deutschland zu Beginn des 13. Jahrhunderts war die „ehrbare Kräuterfrau" dem *apothecarius* bei der Beschaffung der einheimischen „Simplicia" behilflich. Wußte sie doch Bescheid über die nützlichen und giftigen Gewächse ihrer engeren Heimat, über so manches Kraut, das „die Pest und andere Gebrechen" mit Erfolg „ausräuchert". So ist jene Amalie Dietrich in die Geschichte eingegangen, die im 19. Jahrhundert das Salzburger Land mit einem Tragkorb durchwanderte, Holland und Belgien mit einem Hundekarren durchzog, um seltene Pflanzen für Apotheken, Herbarien und botanische Gärten zu sammeln. Aus kulturgeschichtlicher Sicht ist die Kräuterfrau zu einem ebenso anonymen wie schillernden Begriff geworden, der von der einstigen Zauberin über die gefürchtete und wiederum befragte „Kräuterhexe" bis zur „Kräuter-Marie" reicht, die für Großmutters Kräuterapotheke alle die bewährten Hausmittelchen sammelte: gegen verdorbenen Magen und Kopfweh, gegen die Influenza und das Zipperlein, zur Wundbehandlung und auch als Kindbett-Tee.

Beinahe jede Pflanze glaubte man in früheren Zeiten als Medizin verwenden zu können. Nach der bereits aus dem Altertum überlieferten „Signaturlehre" ist jedweder Pflanze von Natur aus ein „Signet" aufgeprägt, d. h. man kann aus dem Äußeren auf die Heilwirkung schließen, denn „die Natur zeichnet jegliches Gewächs, das von ihr ausgeht, zu dem, dazu es gut sei". Stets indizierte beispielsweise eine gelbe Farbe für Leber- und Gallenleiden, etwa das giftige Schöllkraut *(Chelidonium majus)* mit seinen gold-gelben Blüten und dem auffallend gel-ben Milchsaft. Wie unheilvoll ist eine solche Vorstellung, wenn man weiß, daß der *Chelidonium*-Milchsaft Alka-loide enthält, die denen des Opiums nicht unähnlich sind! Das Chelerythrin als wirksamstes Schöllkraut-Alkaloid führt in größerer Dosis zum Tod durch Atemlähmung und Muskelstarre, San-guinarin und Chelidonin können hef-tige Krämpfe erzeugen, wie bei Ver-giftung durch Strychnin.

Eine Pflanze etwa, deren dreiteiliges Blatt an die lappige Form der mensch-lichen Leber erinnert, „muß" im Sinne der Signaturthese gegen Leberleiden helfen und heißt darum Leberblüm-chen. *Hepatica nobilis* nennt der Bota-niker diesen bekannten Frühjahrsblü-her, der im Rhizom Protoanemonin, Saponin und das chemisch noch unbe-stimmte Glykosid Hepatrilobin ent-hält. Dreißig Pflanzen sollen einen Menschen töten können. Noch vor 250 Jahren hat Tabernaemontanus, der Apotheker von Bergzabern, dieses

Leberblümchen (*Hepatica nobilis*). Die Verbreitung dieses Frühjahrsblühers reicht von Ostasien über Europa bis nach Nordamerika.

Rechte Seite oben:
Gebräuchliches Lungenkraut
(*Pulmonaria officinalis*). Im
Kraut Schleimstoffe und
Kieselsäure, außerdem Saponin.
Daneben: Schöllkraut
(*Chelidonium majus*). Unten:
Wechselblättriges Milzkraut
(*Chrysosplenium alternifolium*).
Nach der Signaturlehre hat
dieses Steinbrechgewächs „Kraft
und Wirkung gegen Verstopfung
der Leber und der Milz" – nach
Tabernaemontanus, 1731.

Kraut „sonderlich gerühmt und gelobt, die Leber zu stärken und sie zu eröffnen, wenn sie verstopft ist". Auf demselben spekulativen Weg sind wohl auch das Gebräuchliche Lungenkraut *(Pulmonaria officinalis)*, die wie Lungengewebe aussehende Lungenflechte *Lobaria pulmonaria* und das wechselblättrige Milzkraut *(Chrysosplenium alternifolium)* zu ihrem Namen gekommen.

Pflanzen mit kopfartiger Signatur (Mohn, Walnuß, Zwiebel) verwendete die alte Volksmedizin gegen Kopfleiden, Disteln gegen Seitenstechen, augenähnliche Kräuter (Einbeere, Anemone) für Augenleiden und gebärmutterähnliche (Osterluzei, Muskatblüte) erschienen wirksam für Geschlechtsleiden der Frau.

Der vor allem in Süddeutschland und der Schweiz wirkende Paracelsus stand der Signaturlehre nicht ablehnend gegenüber. Er, der von sich sagt, den Ärzten sei er „contrarius", der Natur aber „familiaris", schwor auf die heilsame Wirkung pflanzlicher Essenzen, wie er sie in der volkstümlichen Heilkunde fand, „durch Befragen von Badern und alten Weibern, bei den Gescheiten und Einfältigen". Wir dürfen uns nicht wundern, wenn die Zahl der angeblichen „Heilkräuter" in damaliger Zeit ins Immense anwuchs, so daß zum Beispiel in der *Historia plantarum universalis* von Johann Bauhinus und Johann Heinrich Cherlerus aus dem Jahre 1650 bereits über 6 000 Medizinalpflanzen aufgeführt sind!

Osterluzei (*Aristolochia
clematitis*). In dem früher als
Radix Aristolochiae offizinell
gewesenen Rhizom wie auch im
Kraut Aristolochiasäure, ein
echtes Kapillargift.
Vergiftungen kommen des
öfteren bei Tieren vor, beim
Menschen nach Anwendung als
Abtreibungsmittel. Im Volke
war die Osterluzei seit altersher
als Wundmittel und als
Frauenkraut im Ansehen
(Namen *Bruchkraut,
Mutterwurz*).

Nützliche und interessante Gifte

In der Frühzeit mag der Mensch der Krankheit, in besonderem Maße dem Schmerz, weitgehend hilflos gegenübergestanden haben. Die Ur- und Primitivmedizin kannte zunächst kein anderes Mittel gegen das „angehexte" Leid als zauberisch-magische Praktiken mit „Beschwören" und „Bespre-chen". Wer sich auf solche Schmerzbehandlung verstand, sei es als Medizinmann oder Priesterarzt oder in späteren Zeiten als Dorfbader und Braucher, der konnte eines regen Zuspruchs sicher sein. Frühzeitig entdeckte man jedoch gewisse Pflanzen, denen eine schmerzstillende und einschläfernde Wirkung eigen war, und man lernte sie zu gebrauchen.

Wir wissen, daß im Altertum der Heilschlaf eine große Rolle gespielt hat und daß in den Asklepios-Tempeln den Heilungssuchenden ein anästhesierender Trunk aus Nachtschattengewächsen verabreicht wurde, bevor man Heilungsmaßnahmen und operative Eingriffe durchführte. Auch das Opium, der eingedickte Milchsaft des Schlafmohns, mit seiner berauschenden und schlafmachenden Kraft, ist ein altes und bewährtes Analgetikum, die notwendige Dosis relativ klein. Freilich, als Medikament für eine Vollbetäubung eignet sich Opium nicht viel besser als eine „Holzhammernarkose", weil es die Atemtätigkeit so stark beeinträchigt, daß der Patient selbst nach gelungener Operation mit an Sicherheit grenzender Wahrscheinlichkeit an Opiumvergiftung stirbt.

Schon Hieronymus Brunschwyg, „ein Chirurgus oder Wundarzt von Straßburg" und Verfasser eines der meistgelesenen Kräuterbücher des 15. Jahrhunderts, warnte mit allem Nachdruck vor dem innerlichen Gebrauch des Opiums „ohne allen Zusatz", denn davon würden die Kranken „gerne unsinnig". Der im 3. Jahrhundert lebende chinesische Chirurg Mao-Tho soll zur operativen Schmerzlinderung Haschisch verwendet haben, und Anno 1360 betäubte, wie die Chronik zu berichten weiß, der französische Arzt

Maiglöckchen (*Convallaria majalis*). Alle Teile, besonders die Blüte der Pflanze enthalten Herzglykoside, wie Convallatoxin. Vergiftungen nach Genuß der Beeren!

Guy de Chauliac seine Patienten mit Schierlingsdämpfen (!), ehe er sein Messer zur Operation ansetzte.

Mit allerlei pflanzlichen Giftsäften tränkten bereits die Alexandriner im 13. Jahrhundert kleine Schwämme und legten sie den Kranken zur Betäubung bei operativen Eingriffen vor Mund und Nase. Mit solchen und ähnlichen Methoden wurden Schmerzen bestenfalls gedämpft, nicht aber beseitigt, wenigstens nicht mit absoluter Sicherheit. Zudem waren diese Drogen nicht ungefährlich, weil ja jede exakte Dosierung fehlte.

Bis herein ins 19. Jahrhundert verfügten die Ärzte über keine gezielten, präzis abzumessenden Narkotika. So war in Ermanglung einer Allgemeinbetäubung die gesamte Operationskunst ein recht grausames Handwerk, schon gleich gar, als sie noch von umherziehenden „Zahnbrechern, Bruch- und Steinschneidern" ausgeführt wurde oder in Händen von Badern und in Kriegszeiten in denen von Feldschern lag. Den Ärzten blieb nur der Ausweg, Eingriffe so rasch wie möglich durchzuführen; nicht wenige Chirurgen erreichten darin eine erstaunliche Fertigkeit. So sagte einmal der berühmte Berliner Chirurg Bernhard von Langenbeck (1810−1887), dessen Erfolge in der Kriegschirurgie und plastischen Operation ihm weltweiten Ruhm eintrugen, bei der Besprechung einer Armamputation: „Der Kranke litt wenig dabei, weil ich dazu kaum eine halbe Minute gebrauchte".

Schwierige Operationen ohne Hast ausführen zu können, war erst mit Hilfe der Anästhesie möglich. Noch ehe man den Äther zur Narkose verwandte, war es dem jungen Paderborner Apotheker Friedrich Sertürner im Jahre 1804 gelungen, aus dem Milch-

saft der Mohnkapsel das Alkaloid Morphin rein darzustellen. Mit der Entdeckung des „spezifisch schlafbringenden Elementes in der Mohnpflanze" war er über Nacht zu einem der größten Wohltäter der Menschheit geworden. Die Wirksamkeit der Droge erhöhte sich mit der Erfindung der Injektionsnadel, durch die man Flüssigkeiten direkt in den Blutkreislauf bringen konnte.

Blutwurz (*Sanguinaria canadensis*), ein nordamerikanisches Mohngewächs. Die Indianer sind des Glaubens, in dem blutroten, alkaloidreichen Wurzelsaft eine Medizin gegen Klapperschlangenbisse zu finden. Die frühen Siedler verwandten ihn als Hustensaft.

Oben: Roter Fingerhut (*Digitalis purpurea*). Rechte Seite: Schwarze Nieswurz (*Helleborus niger*).

Anwendung der Amputationssäge. Holzschnitt aus Gerrsdorffs *Feldtbuch* (1517).

der Weg frei für die moderne Pharmazeutik. Die Zeit der Kräuter- und Wurzelgebräue mit uneinheitlicher Zusammensetzung und Dosierung war vorbei. An ihre Stelle ist mit dem Aufkommen einer breiten Naturstoff-Chemie die Phytotherapie mit isolierten, standardisierten und genau definierten Stoffen getreten.

Nicht wenig bedeutsam für die Gegenwartsmedizin sind solche Pflanzen als Ausgangsmaterial geworden, die Steroidsaponine enthalten, und zwar als Rohstoff für die halbsynthetische Darstellung von Steroidhormonen (Nebennierenrindenhormone, Sexualhormone). Zu den Steroiden zählen zum Beispiel bestimmte Saponinglykoside, wie wir sie etwa in der als Rheumamittel wirksamen Knolle der nordamerikanischen Yamswurzel *Dioscorea villosa* finden, oder auch bei der *Agave americana*, die im 16. Jahrhundert nach Europa gebracht wurde und deren Wurzel seit alters in der Volksmedizin der Indios als Syphilismittel gilt. Übrigens eine interessante Parallele zu den offizinellen Sarsaparille-Wurzeln, deren Stammpflanze verschiedene Arten der vor allem in den Tropen als Kletterpflanzen heimischen Stechwinde *(Smilax)* sind. Echte Steroide sind gleichfalls das halluzinogen wirkende Bufotenin-Alkaloid des Fliegenpilzes und herzwirksame „Digitalisstoffe": die Herzglykoside etwa des Maiglöckchens *(Convallaria majalis)*, des Adonisröschens *(Adonis vernalis)* und der Schwarzen Nieswurz *(Helleborus niger)*, das Oleandrin von *Nerium oleander*, das Thevetin des Gelben Oleanders *Thevetia peruviana*, eines Hundsgiftgewächses aus Südamerika, und natürlich die Aktivglykoside des bereits erwähnten Roten Fingerhutes, der heute wohl am

Das narkotisch wirkende Morphin macht etwa 10 Prozent des Opiumpulvers aus und ist das Hauptalkaloid der Droge. Begleitet wird es von etwa 40 Nebenalkaloiden, unter denen das speziell hustendämpfende Codëin, das krampflösende Papaverin, das strychninähnliche Thebain und das Narcotin – als Regulans für das Morphin und Codëin – die wichtigsten sind.

Mit der Entdeckung des Morphins, der bald die Reindarstellung anderer pharmakologisch wirksamer Verbindungen folgte — des Strychnins aus der Brechnuß, des Chinins aus der Chinarinde, des Aconitins aus der Eisenhutpflanze, des Atropins aus der Tollkirsche und der Digitalis-Glykoside aus dem Fingerhut — war eigentlich

gründlichsten untersuchten herzwirksamen Droge. Herzaktive Glykoside kommen übrigens auch im Tierreich vor, so im Hautsekret von Kröten. Pharmakognostisch recht interessant ist die Atropin-Gruppe, die im Pflanzenreich weltweit ihre Vertreter hat, allen voran die Nachtschattengewächse, die Solanaceen. Die wichtigsten Alkaloide, die schon in dem Arzneischatz zahlreicher alter Völkerschaften vorhanden waren, sind Atropin, Scopolamin und Hyoscyamin, wie wir sie besonders reichlich in der Tollkirsche, in Bilsenkraut und Stechapfel und einigen *Scopolia*-(Tollkraut-)Arten vorfinden.

Wir begegnen dem Atropin in sehr vielen Arzneimitteln. Atropin, oft kombiniert mit dem schmerzlindernden Morphin, ist dank der Fähigkeit, Muskelverkrampfungen zu lösen, ein wertvolles Mittel bei Koliken und spastischen Zuständen. Besondere Bedeutung hat es für den Augenarzt als Mittel zur Pupillenerweiterung; es leistet auch bei allen Erkrankungen der Regenbogenhaut und bei Hornhautverletzungen dank seiner schwach örtlich betäubenden Wirkung recht gute Dienste.

Das in seiner Wirkung atropinähnliche, aber fast doppelt so starke Scopolamin verlangt eine äußerst vorsichtige Dosierung. Es übt eine lähmende Wirkung auf die motorischen Gehirnzentren aus und wird daher gerne bei starken, psychisch bedingten Erregungszuständen benutzt. In Kombination mit Morphin wurde es früher zur Erzeugung eines „Dämmerschlafes" in der Geburtshilfe angewandt.

Feind und Helfer zugleich sind die Alkaloide des schon erwähnten Mutterkornpilzes *Claviceps purpurea*, dessen Dauerform als *Secale cornutum* bezeichnet wird. Als Erreger von Massenerkrankungen zu Zeiten, als noch mit Mutterkorn verunreinigtes Getreide versehentlich zu Mehl gemahlen und mit dem Brot verbacken wurde, war der Ergotismus eine furchtbare Geißel und wurde der Hexerei gleichgestellt. Die erste schriftliche Chronik über eine derartige Epidemie stammt aus dem Jahre 875, verzeichnet in den Annalen des Klosters Xanthen: „Eine große Heimsuchung durch anschwellende Pusteln zehrte die Menschen auf, und zwar unter ekelerregender Fäulnis, so daß ihnen, noch ehe der Tod eintrat, die Glieder abfielen".

Besenginster (*Cytisus scoparius*). In reifen Samen, Blättern und Zweigspitzen findet sich das Hauptalkaloid Spartein, ein echtes Nervengift, in seiner Wirkung allerdings milder als etwa das Coniin des Gefleckten Schierlings.

Dauerform (Sklerotium) des Mutterkornpilzes (*Claviceps purpurea*). Vergrößerung etwa 12fach.

Die Ergotismus-Erkrankung tritt in zwei Formen auf, als Brandseuche — bekannt unter dem Namen „St.-Antonius-Feuer" *(Ignis sacer)* — heute *Ergotismus gangraenosus* mit stark brennenden Schmerzen, brandiger Fäule und Abfall der Glieder, und als Krampfseuche *(Ergotismus convulsivus)* mit äußerst schmerzhaften Mus-

kelkontraktionen, epilepsieähnlichen Anfällen, Delirium und Halluzinationen. Die Mutterkorn-Alkaloide — die Ergotoxingruppe ebenso wie die Ergotamingruppe und das Ergobasin — sind stark psychoaktive Lysergsäurederivate, in ihrer chemischen Struktur verwandt dem halbsynthetischen Lysergsäurediäthylamid (LSD). Im Mittelalter benutzten Hebammen das harte schwarze Sklerotium bei schweren Geburten, um die Wehen einzuleiten und die Nachgeburtsblutungen zu vermindern — daher erklärt sich wahrscheinlich auch der Name „Mutterkorn". Heute stehen Mutterkornpräparate im Vordergrund des medizinischen Interesses bei erhöhtem Blutdruck, Durchblutungsstörungen und Angina pectoris wie auch bei Migräne, bei der man das hydrierte Alkaloid Dihydroergotamin anwendet, dessen niedrige Giftigkeit eine Brandbildung nicht befürchten läßt.

Die Suche nach Heilmitteln hat, wie alle diese Beispiele zeigen, den Menschen seit Jahrtausenden beschäftigt. Magie und Aberglaube, Scharlatanerie und harte wissenschaftliche Arbeit, Versuche und Analysen in den Forschungslaboratorien, Erfolge, Enttäuschungen und mancher glückliche Zufall haben die Entwicklung pflanzlicher Drogen und Arzneistoffe vielfältig beeinflußt. Nützliche „Gifte" haben Krankheiten ausgelöscht oder deren Auswirkung zumindest gemildert, und selbst wo sie zu wohltätigen Helfern wurden, sind und bleiben sie doch Gifte und führen zu unerwünschten Reaktionen, dann nämlich, wenn sie falsch zur Anwendung kommen. Die Grenze zwischen Heilmittel und Gift, zwischen ihren heilsamen Kräften und der Zerstörung des Lebens ist in Wahrheit hauchdünn.

Der Griff zur Rauschdroge

Mißbrauch und Abhängigkeit

Der Rausch begleitet den Menschen von Urbeginn an durch die Jahrtausende. Marihuana wird seit prähistorischen Zeiten als Stimmungsveränderer wie auch als Volksmedizin verwendet. Wenigstens 1200 Jahre alt ist die Angewohnheit, Kokablätter zu kauen. Die Anwendung von Opium läßt sich gut und gerne 6000 Jahre zurückverfolgen bis zu den Sumerern, bei denen die Droge hauptsächlich zur Therapie benutzt wurde. In die Vorgeschichte reicht der Gebrauch des Alkohols zurück, und keine Kultur, sei sie primitiv oder fortgeschritten, unterschätzt seine psychoaktiven Eigenschaften. Alkohol (Äthanol) ist bekanntlich ein Produkt der Fermentierung durch Hefepilze, Schimmelpilze und Bakterien auf der Basis von Zucker.

In unserer Zeit haben Drogenmißbrauch und Drogenabhängigkeit vor allem in den westlichen Industrieländern geradezu epidemische Ausmaße angenommen. Ungezählte Tausende, ja Millionen in aller Welt — wer weiß, wie viele es wirklich sind und bereits morgen sein werden — nehmen Haschisch und Marihuana, spritzen sich Morphium und Heroin in die Vene, schlucken LSD.

Die Übersättigten sind schon lange umgestiegen auf Verdünnungsmittel für Farben und Klebstoffe und auf Deodorantien, die sie in gierigen Atemzügen aus der Plastiktüte nehmen — in den USA besonders und in Japan. Dem anfänglichen kurzandauernden Wohlgefühl folgen Enthemmung, panische Angstgefühle und Depressionen, dazu Leber-, Nieren- und Knochenmarkschäden. Nicht selten muß der „Sniffer" die kurze „Euphorie aus der Tüte" mit dem Erstickungstod bezahlen. Andere greifen neuerdings nach Phencylidin (PCP), einem weißen Schmerzpulver aus der Apotheke der Tierärzte. Dieses Teufelszeug, in der Szene „Engelsstaub" benannt, löst ein regelrechtes Gewitter im Nervensystem aus: Innen- und Außenwelt vermengen sich zu einem Chaos von Realität und Phantasie.

Welcher Art sind die Gründe für den „Einstieg" in die Drogenszene? Die tieferen Wurzeln des heutigen Drogenmißbrauchs liegen wohl in der Zeit und der ganzen Struktur ihrer Gesellschaft. Längst hat die hektische, nüchterne, übertechnisierte Gegenwart das Gift seines uralten Zaubers entkleidet. Der moderne in der Leistungsfron stehende Mensch sucht vielfach nicht mehr die Erhöhung — vielleicht hie und da ein euphorisches Wohlgefühl. Zunächst und vor allem sucht er Arbeitsleistung und Erfolg. Er greift zur „Müdigkeitsbremse", zur Zigarette, zu Kaffee und Tee, zu den Weckaminen, den „Muntermachern", die rasch wirken und ihn fit halten. Diese Giftdrogen helfen wohl über den „toten Punkt" hinweg, aber nicht weiter als bis zur nächsten Ermüdungswelle, und die kommt bestimmt. Für die heilsame und schöpferische Muße, die eigentlich von Natur aus eine „Zauberdroge" darstellt, sein müßte, lassen die Arbeit, der Job, das „Leben von heu-

Morphiumsüchtige, dargestellt auf einem Gemälde von Grasset (1841–1917). Die vor 130 Jahren erfundene Injektionsnadel ermöglichte es, jetzt die Droge unmittelbar in den Blutkreislauf zu bringen.

te" keine Zeit mehr. Die Giftdroge ist total entzaubert. Was allenfalls an Geheimnisvollem noch geblieben ist, scheint lediglich ihre chemische Formel zu sein, und die begreifen ohnehin nur ein paar Fachleute.

Anfällig sind sie alle, die Armen, die Hungernden und Entwurzelten auf der einen und die Reichen, Übersättigten auf der anderen Seite. Nicht wenige Rauschgiftsüchtige, insbesondere die vielen jungen Menschen, die zu den Drogen greifen und dabei kaputtgehen, „ausflippen", sind milieugeschädigt, psychisch gestört. Viele flüchten vor Schwierigkeiten im Alltag, in der Schule, am Arbeitsplatz, im Elternhaus, innerhalb einer Partnerschaft; andere suchen den Drogenrausch, so sagen sie, aus Protest gegen die Autoritätsanmaßung des „Establishments", gegen diese ganze „Scheißkultur" und flüchten in die psychedelische Subkultur. Und sie scheinen sich darüber nicht im klaren zu sein, daß die „harte Droge" keine, aber auch gar keine Probleme zu lösen imstande ist, daß sie keine Befreiung, kein Glück beschert, sondern nur neue, noch schlimmere Knechtschaft, nämlich die Abhängigkeit von den großen und kleinen Dealern, von Geldgebern und ganz zuletzt die Abhängigkeit vom „amtlich-sozialen" Rettungseingreifen der Gesellschaft, der gleichen Gesellschaft, der sie zu entfliehen trachten. Es ist ein Teufelskreis.

Die in der „Szene" leben, sie ahnen nichts von den ständigen Gefahren, die allein schon schlechter, das heißt verfälschter „Stoff" oder schmutzige Injektionsnadeln heraufbeschwören. Ungezählte ruinieren für immer ihre Gesundheit, nehmen Persönlichkeitsdefekte in Kauf, „schießen" sich zu Krüppeln oder gar ins Grab. New York hat heute bereits mehr Tote durch „Hard Drugs" als im Straßenverkehr. Die Rauschgiftwelle rollt unaufhaltsam weiter, der illegale Drogenmarkt floriert wie nie zuvor, Einbrüche in Apotheken, Diebstähle und Fälschungen von Opiatrezepten sind an der Tagesordnung.

Wurden nach einem Bericht der Weltgesundheitsorganisation in der Bundesrepublik vor 15 Jahren noch nicht einmal zwei Kilogramm Haschisch beschlagnahmt, so ist diese Ziffer mittlerweile auf viele Tausende Kilogramm angewachsen. Allein in den Vereinigten Staaten wird angenommen, daß 20 bis 30 Prozent der College-Angehörigen und Studenten Erfahrungen mit Marihuana haben, dessen Starter- und Schrittmacherfunktion der Medizin größte Sorgen bereitet. Mit Hasch beginnt der „User" seinen Trip ins Ungewisse — wo er endet, wagt man allenfalls zu ahnen.

Unter dem Einfluß von Rauschgiften werden die normalen, vom Großhirn gesteuerten Hemmungen teilweise oder ganz ausgeschaltet; nunmehr kann der Mensch ungehemmt seinen inneren Regungen, den bewußten wie den unbewußten, folgen. Hierin liegt zweifelsfrei die große Suggestionskraft der stimulierenden und berauschenden Drogen, zugleich aber auch die Gefahr der Gewöhnung, des Abhängigwerdens. Von der pharmakologischen Gewöhnung, bei welcher der Organismus — scheinbar ohne Reaktion — immer größere Giftmengen verträgt, sind nur kleine Schritte zur psychischen Gewöhnung, zu dem gierigen Verlangen, immer wieder nach der Droge zu greifen, und schließlich zur Sucht, dem selbstzerstörerischen Gifthunger.

Weiße Mittagsblume
(*Carpobrotus edulis*). Die
Früchte zahlreicher
südafrikanischer Mittagsblumen
werden *Hottentottenfeigen*
genannt, und es heißt, daß die
Hottentotten sie zur Bereitung
eines halluzinogenen
Rauschmittels gebrauchen (nach
Lewin). Mehrere Arten sind
alkaloidreich und haben eine
betäubende Wirkung.

Jede Form der Süchtigkeit schließt zwangsläufig die Steigerung ein; der Körper „braucht" ständig höhere Dosen, wird in zunehmendem Maße „giftfester", d. h. er kann Toxine in einer Menge vertragen, von der bereits ein Bruchteil normalerweise absolut tödlich ist. Hier liegt das Bedrohliche eines plötzlichen Drogenentzuges. Übelkeit, Erbrechen, unter Umständen schwere Krämpfe und Tobsuchtsanfälle, Kollapse und Depressionen machen deutlich, daß der Süchtige eben nur durch die Droge in einem gewissen physischen und psychischen Gleichgewichtzustand gehalten werden kann. Drogensucht ist kein schuldhaftes Versagen, sondern eine Krankheit, weil sie die freie Handlungsfähigkeit und Verhaltenskontrolle einengt. Sie ist die Ursache vieler körperlicher, geistiger und sozialer

Schäden. Sucht kann total sein bis zur Selbstzerstörung; nur eine behutsame, qualifizierte Kontrolle mit medikamentöser und psychotherapeutischer Unterstützung kann dem Suchtkranken Heilung und die notwendige Entgiftung bringen.

Im internationalen Rauschgifthandel spielen lediglich drei Drogen eine Rolle: Opium, Haschisch und Kokain, die heute in riesigen Mengen in verschiedenen Teilen der Welt produziert werden. Alle anderen wurden und werden erfahrungsgemäß für den illegalen Handel erst dann interessant, wenn man sie en gros und billig synthetisieren kann. Dieser Trend vom natürlichen zum synthetischen Stoff, vom primitiven zum komplexen, verfeinerten Genuß ist in zunehmendem Maße zu erkennen. Der kranke, überarbeitete und unterernährte Kuli in Hong-

kong hängt noch am Opium, am einfachen Pflanzenprodukt; für die hochzivilisierte Gesellschaft liefern Industrielabors ein wahres Arsenal von Stimulantien und Beruhigungsmitteln aus der Retorte. Heute gibt es für jede natürliche Pflanzendroge – Opium, Cannabis, Mutterkorn, Peyote (Peyotl, Pellote) usw. – mindestens ein synthetisches Äquivalent.

Hinsichtlich ihrer Wirkung sind pflanzliche Drogen unterschiedlicher Natur. Die einen dienen dem Menschen als Stimulans, es sind die koffeinhaltigen *Exitantia* wie Kaffee, Kat, Tabak oder Betel. Ein Gefühl der Ruhe und des Wohlbefindens rufen die sogenannten *Euphorika* wie Opium und Kokain hervor. In ihrer Wirkung unvergleichlich tiefer gehen die *Phantastika*, die Halluzinogene. Sie sind „psychomimetisch“, d. h. sie verändern die Sinneseindrücke und führen in eine visionäre Traumwelt, in der Raum, Zeit und Dinge neu erlebt werden. Zu ihnen gehören die meisten Rausch- und Zauberdrogen Mittel- und Südamerikas, Haschisch und das halbsynthetische LSD mit eingeschlossen.

Wie lange es dauert, bis der Drogenkonsument vom ersten „Ausprobieren“ und Genuß zur Abhängigkeit kommt, hängt von vielen Faktoren ab, unter anderem von der Art der Droge, der subjektiven Erlebensqualität und nicht zuletzt von der eingenommenen Drogenmenge. So genügt bei einer Droge mit einem hohen suchterzeugenden Potential, zum Beispiel beim Heroin, ein geringer Konsum in kurzer Zeit. Demgegenüber ist es etwa beim Haschisch durchaus möglich, längere Zeit Mißbrauch zu treiben, „ohne daß es zu einer echten Abhängigkeit kommt“ (Täschner).

Euphorie durch Pflanzengifte

Berauschende Drogen tauchen schon früh in der Geschichte auf. Am Anfang steht wohl der Kult mit einer Pflanze, die man als *Soma* bezeichnete, als „heiliges Rauschmittel“ verehrte und deren Saft bei religiösen Zeremonien getrunken wurde. Ungezählte Hymnen des Rigweda, der ältesten heiligen Schrift der arabischen Inder, sind dem Soma-Kult gewidmet. Bis heute ist die Somapflanze ein Mysterium geblieben. Mal hielt man sie für das strauchige Seidenpflanzengewächs *Periploca* oder den Meerträubel *Ephedra* – beide sind Wüstenpflanzen –, mal für die *Cannabis*-Hanfpflanze, also die Haschischdroge; dann wieder schien die Identifizierung der geheimnisvollen Pflanze mit dem Fliegenpilz *Amanita muscaria* mit vielen der in den Wedischen Hymnen beschriebenen Einzelheiten übereinzustimmen.

Unter den Rauschdrogen ist *Papaver somniferum*, der Schlafmohn, zweifelsfrei die berühmteste, zudem eines der ganz wenigen Pharmazeutika, die sich in direkter Fortsetzung von der Antike bis in die Gegenwart erhalten haben. In sumerischer Keilschrift und in altägyptischen Hieroglyphen wird bereits der beruhigende, schmerz- und krampfstillende und schlafbringende Saft aus der Mohnkapsel gerühmt, und 1000 v. Chr. findet er im altindischen Jadschurweda, dem „Weda der Sprüche“, Erwähnung.

Der schon mehrfach zitierte Paracelsus, der heilend und helfend, lehrend und schimpfend durch die Lande zog, schrieb: „Ich habe ein Arcanum, heiß ich Laudanum [das Lobenswerte], ist über das alles [erhaben], was es zum Tode weichen will“. Dieses Laudanum war wohl lediglich ein Deckname für die Opiumtinktur, die den von der Schulmedizin gehaßten und verhöhnten Bombast von Hohenheim zu seinen Wunderkuren verhalf. Seit dieser Zeit ist das Opium sowohl als „Arznei" wie als „Lasterdroge" durch die Jahrhunderte gegangen.

Beheimatet ist der Schlafmohn in den Ländern des östlichen Mittelmeeres, wo er seit ältester Zeit kultiviert wird. Erst im 7. Jahrhundert haben die Araber das Opium nach Persien, Indien und China gebracht. Um 1500 war das Opiumessen in der Türkei allgemein verbreitet, im 17. Jahrhundert kam dann das Opiumrauchen auf, und zwar in China. Kaiserliche Edikte gegen den „fremden schwarzen Dreck" blieben ohne jede Wirkung — im Gegenteil, sie stärkten nur die Macht des Opiums, das auf illegalen Wegen in immer größeren Mengen ins Land geschleust wurde.

Nach dem verlorenen Opiumkrieg (1840/42), der England den freien Handel für das Mohnprodukt zugestand, griff die Demoralisierung durch das Opiat weiter um sich. Hauptproduzent für das Rohopium sind heute neben China vor allem Indien, die Türkei und die Sowjetunion. Von allem Opium, das auf der Welt erzeugt wird — und es sind viele Tausende von Tonnen —, wird ein verschwindender Prozentsatz für medizinische Zwecke verbraucht; alles andere fällt unter „Mißbrauch".

Rohopium eignet sich nicht zum Rauchen, erst durch Erhitzen, Kneten und vorsichtiges Rösten entsteht das plastische, ausgesprochen aromatisch riechende und morphinreiche Rauchopium. Bis zu 10 Gramm dieses Tchandu – in Ausnahmefällen bis zum Fünffachen –, das ist die Tagesration

eines notorischen Opiumrauchers, dessen Gehirn süße, vielfach erotisch gefärbte Phantasien beleben. Da existieren für den Süchtigen keine Probleme mehr, nichts und niemand kümmert ihn, weltentrückt und zufrieden dämmert der Opiumraucher dahin, bis er nach Stunden mit einem depressiven Katzenjammer erwacht. Diese kurze, rauschartige Euphorie eins vollkommen Losgelöst- und Unbeschwertseins, diese „wahre Wirklichkeit, die es nur in Träumen gibt", erlebt auch der Opiumesser in der Türkei und im Iran, und es soll welche geben, die am Tag bis zu 30 und mehr Gramm von den „Opiumpillen" zu sich nehmen.

Glückseliges Wohlbefinden, Suchtbegehren und körperlicher Verfall werden durch das Hauptalkaloid Morphin bestimmt, das in wechselnden Mengen im natürlichen Opium enthalten ist. Außer für therapeutische Anwendung als Analgetikum und Sedativum dient dieses Opiumalkaloid zur synthetischen Herstellung von Codëin und Dionin (Codethylin) — die nur schwach euphorisierend wirken — sowie von Heroin und von anderen Derivaten.

Eine Injektion mit dem offizinellen salzsauren Morphin *(Morphium hydrochloricum)* schaltet normalerweise die Schmerzempfindung aus, die Euphoriewirkung tritt erst nach längerem Konsum auf und bringt die Gefahr der Gewöhnung und Süchtigkeit, den typischen „Morphinhunger". Morphinisten gewöhnen sich erfahrungsgemäß rasch an hohe Dosen, die bis zu 1 Gramm (!) betragen können. Im Gegensatz zum Kokainisten (und Alkoholiker) behält der Morphinabhängige sein Gedächtnis und seine geistige Leistungsfähigkeit in vollem Umfang, auffallend jedoch ist die stark labile Stimmungslage. Der Morphinist liebt und sucht die Einsamkeit, sein Wunsch ist, den Zustand vollkommener Euphorie, der Ruhe, des Vergessens aller Widerwärtigkeiten des Lebens ganz genießen zu können. Diesen Zustand des wunschlosen Glücklichseins nennt der Opiumraucher „Opium-Nirwana".

Opiumrauchen ist ein Ritual, auf das man sich seelisch einstellen muß, dem man sich „wach träumend und schweigend" hingeben soll. Denn „ein Gott ist der Mensch, wenn er träumt, ein Bettler, wenn er nachdenkt" (Hölderlin). Für mehrere Generationen von Dichtern seit der Wende vom 18. zum 19. Jahrhundert waren Rauscherlebnis und Traumgeschehen mit Hilfe von Opiaten Stimulans für ihr poetisches Schaffen.

Die Liste der süchtigen Dichter ist nicht eben klein. Genannt seien Novalis und Friedrich Schlegel, die geistigen Urheber der deutschen Frühromantik, Samuel Tayler Coleridge und John Keats als die Vertreter der englischen Romantik; E. T. A. Hoffmann, der scharfsinnige Pathologe des „zerrissenen Bewußtseins" zwischen Sein und Schein, Wachen und Träumen, Realität und Illusion; der „lasterhafte" Edgar Allan Poe, dessen an Wahnsinn grenzende Phantasiewelt unter dem Einfluß von Alkohol und Opiaten stand, und nicht zu vergessen Charles Baudelair, der bereits in jungen Jahren Erfahrungen mit Opium, Haschisch und Alkohol hatte. Oder denken wir an den geistreichen Schrifsteller und Kritiker Thomas De Quincey, für den sich das „Paradies der Opiumesser" im Jahre 1804 auftat, als er für seine Zahnschmerzen das ihm empfohlene „Laudanum" als Medizin

nahm. Das Ergebnis war für ihn geradezu umwerfend: „Hier war das Geheimnis der Glückseligkeit", schreibt er, „nun kann man für einen Penny die Glückseligkeit kaufen . . .". Bis an sein Lebensende blieb er der Droge verfallen.

Derzeit wesentlich höher als die Zahl der Morphinisten ist die der Heroinsüchtigen. Das Heroin (Diacetylmorphin), das die toxische Morphinwirkung etwa um das Zehnfache steigert, war ursprünglich vor mehr als hundert Jahren ausdrücklich als „nicht suchtbildendes Allheilmittel" synthetisiert worden, bis man nach Jahren herausfand, daß es weitaus suchterzeugender ist als Morphium. Das Heroin (Deckname „H") unterliegt als Rauschdroge der Opium-Gesetzgebung. In den USA ist selbst sein therapeutischer Einsatz gesetzlich verboten, und es darf zur Zeit dort nicht einmal zur Schmerzlinderung angewandt werden. Längst haben aber weltweit agierende kriminelle Syndikate den Heroinimport und -vertrieb in die Hand genommen. Über Zweidrittel der Weltproduktion kommen aus dem sogenannten „Goldenen Dreieck" zwischen den ausgedehnten Hochländern von Laos, Thailand und Burma entlang der chinesischen Grenze. In diesem größten Opium-Anbaugebiet Südostasiens ist Khun Sa der ungekrönte König, auf dessen Kopf die thailändische Regierung höchste Prämien ausgesetzt hat und der sein Imperium mit Hilfe einer mehrtausendköpfigen Privattruppe bis zum letzten zu verteidigen entschlossen ist. Mit gutem Grund: Immerhin werden bis zu 1 000 Tonnen Rohopium in guten Jahren geerntet; das ergibt an die 100 Tonnen reines Heroin, zu verschiedenen Güteklassen zusammengekocht in mobilen vor-

Eines der zahllosen Plakate aus der Zeit der Mandschukuo-Regierung in den Dreißiger Jahren, auf denen zum Kampf gegen den „Opiumteufel" aufgerufen wurde.

trefflich getarnten Dschungellabors. Von hier aus wird das Rauschgift in alle Kontinente geschmuggelt.

Ein Kilo Heroin, im Erzeugerland mit umgerechnet 15 000 Mark gehandelt, bringt „aufgearbeitet" auf dem internationalen Schwarzmarkt bis zu 8 Millionen Mark. Wenn man bedenkt, daß ein Gramm Heroin im Schnitt 300 Mark kostet, so benötigt ein Süchtiger bei einem Tagesbedarf bis zu 0,5 g, ja verschiedentlich sogar bis zu 1 g, im Monat rund 4 500 bis 9 000 Mark.

Eine solche Summe „zusätzlich" kann legal nicht mehr aufgebracht werden. Der männliche Konsument wird notgedrungen zum Dieb oder Hehler (Beschaffungskriminalität), während sich der weibliche Konsument meist der gewerblichen Prostitution zuwendet. Daneben gibt es den dealenden Abhängigen, der auf Kosten anderer seinen Eigenbedarf deckt und so zum echten Verführer wird. Die Folge ist eine schleichende, aber stetig fortschreitende Ausweitung der Fixer-Kreise.

Den höchsten Reinheitsgrad — bis zu 90 Prozent! — hat „Heroin Nr. 4", das Heroin aus Nahost; die früher marktbeherrschenden „Hongkong Rocks" haben nur zwischen 40 und 60 % Heroingehalt. Daß das Heroin im illegalen Rauschgifthandel zum „Killer Nummer eins" geworden ist, hat seinen Hauptgrund darin: wer Heroin schnupft, schluckt, inhaliert oder fixt, hat nun einmal ein größeres Morphinquantum. Zudem entwickeln gerade die Heroinschmuggler unerschöpfliche Kreativität, wenn es ums Verstecken der Ware geht.

Die Heroinwelle nimmt in der Tat immer größere Ausmaße an. Westeuropa und die USA stecken heute ohne Übertreibung bis zum Hals in Heroin. Man rechnet gegenwärtig in Amerika mit fast einer halben Million Heroin-Abhängiger, Ende 1980 waren es bei uns bundesweit nahezu 50 000 „Schießer"; vieles spricht dafür, daß die Dunkelziffer weitaus höher anzusetzen ist. Die Begriffe *Henry, Caps* und *Jumping jack-flash*, Codeworte für Heroin, gehören im Großraum Frankfurt, dem wohl größten Umschlagplatz für harte Drogen in Westeuropa, zum gängigen Sprachschatz des „Milieus".

Dramatisch entwickelt hat sich die Zahl der Drogentoten. Gab es 1972 noch 188 Herointote, so waren es sieben Jahre später bereits 623, die ein „satter Schuß" getötet hatte — ein trauriger Rekord. Zum Vergleich: Allein in New York City starben zwischen 1965 und 1969 insgesamt 2 935 Menschen den Herointod!

Alarmierend ist die Zunahme der Jugendlichen, die sich dieses Opiat regelmäßig „reindrücken". Dabei liegt die größte Gefahr mit Sicherheit in der Überdosierung, die Atemlähmung (Apnoë), aber auch schwere Blutstauungen in der Lunge hervorrufen kann. Die überwiegend in obskuren „Waschküchenfabriken" hergestellten „Ladungen" können 7 oder 8, ebensogut aber auch 20 oder 30 Milligramm Heroin enthalten — nie weiß man, wieviel Wirkstoff die erworbene Menge tatsächlich enthält. Mehr als einmal hat man in öffentlichen Toiletten und an anderen Orten Heroinleichen gefunden, bei denen die Nadel noch in der Vene steckte, so plötzlich war der Tod eingetreten. Das ist der makabre Preis für ein bißchen Euphorie . . .

Unter den Drogensüchtigen ist der Heroinfixer der Prototyp des total Abhängigen, der willenlos der Droge ausgeliefert ist. Sein Zustand wird im Jar-

Kokastrauch *Erythroxylum coca*. Die Kokapflanzen sind bis 3 Meter hohe immergrüne Sträucher, die sich durch rotes Holz, fleischige Blätter, kleine weiße Blüten und rote Steinfrüchte auszeichnen.

gon der Szene als „kaputt" charakterisiert. Ihm sind alle Wege recht, wenn er nur zu seinem „Stoff" kommt. „Man ist so geil auf die Pumpe", berichtet ein junger Suchtkranker, „daß man zu allen Typen rennt, die man kennt, und bettelt um einen Schuß. Das nervt unheimlich. Schließlich hängt man so durch, daß man einen Apo-Bruch macht — man wankt zu einer Apotheke — ". Die Ideologie des Süchtigen — letztens aller Süchtigen — ist die vom kurzen, aber süßen Leben, getreu dem Motto: Ich ruiniere mich zwar, aber mit Genuß.

Hier tut Hilfe not, echte Hilfe für die Suchtkranken, die man wegen Verstoßes gegen das Opiumgesetz, wegen Apothekeneinbrüchen und Rezeptfäl-

schungen ins Gefängnis bringt, um sie danach in die Gosse zurückzuschikken, wo sie vollends vor die Hunde gehen. Die Gesellschaft wird sich etwas einfallen lassen müssen — ihre bisherige Hilflosigkeit und Untätigkeit sind erschreckend

C, Koks, charley, white stuff — das sind die Decknamen für eines der stärksten Stimulantien: das Kokain. Diese Droge entstammt den Blättern des Kokastrauches, der an den Osthängen der südamerikanischen Anden wächst und in seinem Aussehen an unseren Schwarzdorn *(Prunus spinosa)* erinnert.

Wie frühe Keramikfunde und Grabbilder zeigen, verwendeten bereits die Inkas die Droge, die nach ihrer Vor-

„Wiederaufbau" – für Mensch und Tier – mit Hilfe von Kokain. Zeichnung von Karl Arnold aus dem *Simplizissimus* 1922.

stellung der Sohn der Sonne vor ewigen Zeiten auf die Erde brachte, um „die Betrübten zu erheitern, den Müden und Erschöpften neue Kräfte zu geben und die Hungrigen zu sättigen". Im 16. Jahrhundert lernten die spanischen Eroberer die Sitte des Kokablätter-Kauens bei den Indios kennen. Obwohl die Kirche die „Wunderpflanze" als heidnischen Kult verurteilte, wurde ihr Genuß nicht verboten. Schließlich und endlich: „Die Indios in den Goldminen", so ein Bericht aus dem Jahre 1555, „können 36 Stunden untertag bleiben, ohne zu schlafen und zu essen".

1560 kam erstmals die geheimnisvolle Droge nach Europa. Doch erst 300 Jahre später wurde Kokain in der Alten Welt zum Thema. Zwei deutsche Chemiker, Alfred Niemann und Friedrich Gädcke, isolierten unabhängig voneinander, 1855 und 1859, das Alkaloid Kokain, verwandt mit dem Tropin, von dem sich auch die Alkaloide der Tollkirsche und des Bilsenkrautes ableiten. Vor 100 Jahren experimentierte der Wiener Nervenarzt Sigmund Freud mit Kokain und vertrat dessen Anwendung als euphorisierendes Mittel, was ihm schärfste Kritik seitens der Ärzteschaft einbrachte. Mit seiner Befürwortung des Kokains habe er „die dritte Plage über die Menschheit gebracht" nach Alkohol und Morphium.

Tatsächlich putscht der Kokain-Wirkstoff auf, läßt Hunger und Müdigkeit vergessen und verleiht das Gefühl übersteigerter Energie und Kraft. Er wirkt ähnlich wie das Adrenalin, insofern er Euphorie und eine Hochstimmung hervorruft. Kokain macht hellwach und munter. Die Berauschten sind „auf Draht", aufgekratzt und geschwätzig, reden „Kokolores", quat-

schen allerlei Blödsinn. Logorrhöe nennt die Medizin derart krankhafte Geschwätzigkeit. Der Normalverbraucher kaut im Durchschnitt 30 bis 50 Gramm Kokablätter, doch gibt es auch „Coqueros", die Tag für Tag 300 Gramm und mehr konsumieren; das sind immerhin mehr als 2 Gramm reines Kokain!

Kokablätter, als *Folia Cocae* früher offizinell, dienten zur Herstellung des Kokaweins, der unter dem Namen *Vin Mariani* vor 80 Jahren aus Frankreich auch in Deutschland eingeführt wurde und als „Stärkungsmittel" vor allem in Künstlerkreisen recht beliebt war. Bekannte Genießer dieses kokainhaltigen Weines waren die Schauspielerin Sarah Bernhardt, die Schriftsteller Emile Zola und Jules Verne sowie die Päpste Leo XIII. und Pius X. Wegen der großen Gefahr des Mißbrauchs ist der Verkauf von Kokablättern heute in allen unseren Apotheken streng untersagt.

Kokain in Reinsubstanz, ein weißes, bitter schmeckendes Pulver, ist längst zu einem verhängnisvollen Rauschgift geworden, das geschnupft oder gespritzt wird und wie Opium oder Haschisch bei fortgesetztem Genuß zu Abhängigkeit und in der Folge zu allmählichem körperlichen Verfall führt. Der Kokainrausch, der manche Ähnlichkeit mit dem Delirium des Alkoholikers hat, kann echte Verwirrungszustände, insbesondere erschreckend paranoide Ideen zur Folge haben, die sich am auffallendsten in krankhaftem Mißtrauen, ja in Verfolgungswahn äußern. Daraus können mitunter schwere und unberechenbare Aggressionen erwachsen. Obwohl stark Kokainsüchtige in überdurchschnittlichem Maße an Gewaltverbrechen beteiligt sind, gibt es wenige Beweise dafür, daß Kokain gewalttätig macht. Es könnte aber durchaus als Enthemmungsmittel wirken, besonders bei jenen Personen, die generell zu Gewalt neigen.

Die Welle des Kokainismus hat sich zwischen 1910 und 1930, also in den „Goldenen Zwanziger Jahren", über die Welt ausgebreitet. Vorzugsweise benutzte man damals in der Bohème ebenso wie in Kreisen der Halbwelt und der Prostitution die Droge als Schnupfpulver („Schnee") oder man spritzte sie sich intravenös ein, was die Wirkung erheblich verstärkte.

Gegenwärtig erleben wir ein Comeback dieser „Champagner-Droge" der zwanziger Jahre; dafür sorgen von mächtigen Händlersyndikaten aufgebaute Verteilerringe, die nach den USA auch den europäischen Markt mit Kokain versorgen. Die Zahl der Kokainisten in der Bundesrepublik wird vorsichtig auf 12 000 geschätzt, zum Vergleich: Heroinsüchtige etwa 50 000, Alkoholiker 1,8 bis 2 Millionen. Wie auch immer es mit der neu aufgelebten Kokawelle ausgehen wird, die Droge bleibt uns erhalten, und sei es nur im Markenzeichen *Coca Cola*, das allerdings schon seit 80 Jahren kein Kokain mehr enthält, sondern nur einen koffeinhaltigen Auszug aus den Samen des tropischen Kolabaumes *(Cola)*. Die weltweit beinahe in allen Sprachen agierende Cola-Werbung spekuliert ganz offenkundig auf den berauschenden Charakter der Kokadroge — und das mit Erfolg.

Mehrmals wurde versucht, den Anbau der Kokapflanze und den Handel mit Kokain in den südamerikanischen Ländern gesetzlich zu verbieten. Demgegenüber mußte im Jahre 1969 eine Studienkommission der UNO feststellen, daß es in naher Zukunft nicht möglich sein würde, den Koka-

konsum zu verbieten und womöglich unter Strafe zu stellen. Das Argument: In den Gebieten östlich der Anden fehlen nach wir vor die wirtschaftlichen und sozialen Voraussetzungen, um eine ausreichende Ernährung der Bevölkerung zu sichern. Dies bedeutet, daß es den Hochland-Indios in Peru und Bolivien weiterhin freigestellt ist, Koka anzupflanzen und ihren Hunger durch Kokakauen zu bekämpfen. Selbst Dreizehn- und Vierzehnjährige kann man beobachten, daß sie sich als Ersatz für die Morgenmahlzeit den Mund voll Kokablätter stopfen. Gegenwärtig beläuft sich die Produktion von Kokain in Peru, Bolivien und Kolumbien auf 140 000 Kilogramm; demgegenüber beträgt der Weltbedarf der pharmazeutischen Industrie keine 3 000 Kilogramm!

Es sei daran erinnert, daß das Kokain, ähnlich wie das Heroin, ursprünglich zur Entwöhnung von Morphiumsüchtigen eingesetzt wurde und vor 100 Jahren in der Lokalanästhesie revolutionierend wirkte. Heute ist es durch neue, keine Sucht auslösende Narkotika weitgehend verdrängt und wird nur noch selten zur Betäubung bei manchen chirurgischen Eingriffen im Nasen-Rachenraum, gelegentlich auch in der Urologie und Gynäkologie verwendet.

Wie gefährlich Kokain auf den menschlichen Organismus wirkt, zeigt die Tatsache, daß schon geringe Fehldosierungen tödlich sein können. 1 bis 2 Gramm gelten als tödliche Dosis bei einmaligem Genuß, geschnupft oder gespritzt. Aber es wird auch von Todesfällen nach Konsum von nur einem Zehntel Gramm berichtet. Eine zusätzliche Gefährdung entsteht dadurch, daß die Dealer das Kokain mit einer Vielzahl von ähnlich aussehen-

Tongefäß aus Trujillo, einen Kokaesser darstellend. Fundort Chuquitanta bei Lima (Peru). Die Blätter des Kokastrauches, zusammen mit Kalk oder Knochenasche gekaut, sind gerade für die Hochlandbewohner der Anden seit eh und je nicht nur Stimulans, sondern auch eine wirksame Medizin zur Bekämpfung der in größeren Höhen häufig auftretenden Bergkrankheit.

Fruchtender Rauschpfeffer
(*Piper methysticum*).

den Substanzen verschneiden bzw. verfälschen. Unter solchen Zusätzen hat man beispielsweise Strychnin und auch das Colchicin, das Herbstzeitlosen-Gift, festgestellt. Das Kokain fällt unter das Betäubungsmittelgesetz. Die Sucht ist noch schwerer heilbar als Morphinismus.

Eine uralte Droge ist Kawa, ein berauschendes Getränk aus den gekauten Wurzeln von *Piper methysticum*, einem buschigen Strauch der Südseeinseln. Der Wurzelstock dieses Rausch- oder Kawapfeffers enthält reichliche Mengen an Stärke und als Hauptwirkstoffe die harzigen Substanzen Kawain und Dihydrokawain. Kapitän James Cook (1728–1779), der Entdecker der pazifischen Inselwelt, sah während seiner Weltumseglung erstmals die Kawa-Pflanze und lernte als erster Europäer die Sitte der Kawa-Zubereitung und des Kawa-Trinkens kennen.

Zunächst wird das entrindete und in mundgerechte Stücke zerschnittene Rhizom gekaut, danach sammelt man von allen Beteiligten der Zeremonie die eingespeichelten Wurzelbissen in einer Schüssel und läßt sie mehrere Stunden in Wasser ziehen. Nach dem Abseihen wird die kaffeebraune, fadbitter schmeckende Flüssigkeit aus besonderen hölzernen, meist gediegen gearbeiteten Schalen getrunken. Fürs erste wirkt der Trank frisch, durstlöschend, appetitanregend und angenehm entspannend. Jegliche Müdigkeit verschwindet, Ängste werden bis zur Sorglosigkeit abgebaut, ein Gefühl wohliger Behaglichkeit und Zufriedenheit stellt sich ein. Nach tiefem, gelegentlich von erotischen Träumen durchsetzten Schlaf pflegt der Kawatrinker recht erquickt zu erwachen und fühlt sich ausgesprochen wohl,

kaum jemals kommt es zu einem Katzenjammer. Dessen ungeachtet kann Mißbrauch von Kawa-Kawa zu Süchtigkeit und zu körperlichen Schäden führen, wie Schwächung der Sehkraft, Händezittern und Hautentzündungen (Dermatitis). Seit alters genießt man auf den Südseeinseln den Trank in Gemeinschaft, in „Kawa-Runden". Als echte „Opfergabe an die Götter" ist Kawa von einer hohen Symbolbedeutung für Festlichkeiten und für Gastfreundschaft.

Sichtlich besteht bei der Kawapflanze ein Zusammenhang zwischen dem Kauprozeß und der Rauschgiftwirkung, wie Versuche gezeigt haben. Je gründlicher nämlich das Wurzelmaterial zerkaut und eingespeichelt wird, um so höher steigt die narkotische Wirkung des giftigen Harzes. Vermutlich kommt dem Speichel die Rolle eines Emulgators zu, der die Kawa-Wirkstoffe in eine besser lösliche und besser verdauliche Form bringt.

Seit jeher wurde die Kawa von den Südseebewohnern nicht allein als erfrischender, belebender und zugleich entspannender Trank geschätzt, sondern auch und nicht zuletzt als ein Mittel zum Kurieren von allerlei Krankheiten. Man schätzte ihre heilsame Wirkung auf die Verdauungsorgane, auf Nieren und Blase, nutzte sie als Abführ- und harntreibendes Mittel; sie galt als lindernd bei Lungenleiden und selbst als Rheumamedizin. Mit großer Energie widmet sich die moderne Phamaindustrie der Produktion synthetisch hergestellter Kawa-Präparate, und mit ebenso großem Engagement wirbt sie für diese „Südsee-Droge gegen Streß, Leistungsknick und das Altern", mit dem Ziel der Wiederherstellung des körperlichen und seelischen Gleichgewichtes.

Trips zwischen Himmel und Hölle

Handelsware Nummer eins auf dem internationalen Rauschgiftmarkt ist unter den halluzinogenen Drogen nach wie vor Haschisch. In zunehmendem Maße wird nach den Angaben der Landeskriminalämter „heiße Ware", sichergestellt, dabei geht es längst nicht mehr um Kilogramm-Quanten. Heute werden sagenhafte Haschischmengen in der Größenordnung von Zentnern und Tonnen beschlagnahmt; kein Zweifel, daß dabei nur die Spitze des Drogenberges sichtbar wird. Geradezu sprunghaft gestiegen sind die Fälle von Rauschgiftkriminalität, sie haben sich in den letzten Jahren um mehr als 250 Prozent erhöht! War bis vor zehn Jahren der Drogenkonsum im wesentlichen in den Städten verbreitet, so rollt nun die Welle mehr und mehr in die Provinz.

Vielschichtig und darum schwer durchschaubar ist die Subkultur der Drogenhungrigen. Sie reicht vom neugierigen Konsumenten, der auf Partys mal zu einem Joint greift, zur selbstgedrehten Haschisch-Zigarette, bis zu den hochgradig süchtigen „kaputten Typen"; vom Schüler, der ein paar Gramm Haschisch absetzt, um seine nächsten drei Joints zu finanzieren, bis zum skrupellosen Dealer; vom mit Überlegung dosierenden Intellektuellen, der sich eine „Bewußtseinserweiterung" erhofft, bis zum labilen „ausgeflippten" Azubi, der im Kreis seiner neugewonnenen Freunde erstmals jene „Geborgenheit" erlebt, die ihm anderswo, vielleicht im Elternhaus, vorenthalten wird.

Den Hasch-Trip in die „Welt der Träume" läßt man sich allerhand kosten. In Frankfurt zum Beispiel, dem europäischen Hauptumschlagplatz für orientalische Hanfprodukte, bezahlt man für 1 Kilogramm Haschisch, für das der Hanfbauer in Pakistan ganze 20 Mark bekommt, das auf seinem Weg nach Europa am Bosporus schon 400 Mark kostet und für das der Dealer selbst gut und gerne 3 000 Mark

Indischer Hanf (*Cannabis sativa ssp. indica*).

Was einer im Haschisch-Rausch erfährt, hängt zunächst und vor allem von der eigenen Persönlichkeit ab, beruht mithin auf den innewohnenden eigenen schöpferischen Phantasien und Fähigkeiten. Die Radierung von Moritz von Schwind aus dem Jahre 1843 stellt eine Halluzination dar, wie sie durch Haschgenuß hervorgerufen wurde.

hinlegen muß, 4 000 bis 6 000 Mark je nach Qualität. Mit dem Kleinabnehmer wickelt sich das Haschgeschäft nur noch grammweise ab; der zahlt dann für ein einziges Gramm, das gerade für drei Zigaretten reicht, 8 bis 10 Mark. Wer Hasch nimmt, weil er „in" sein will, der kann und darf eigentlich dem Dealer nicht gram sein; ihm, der im Grunde der eigentlich Schuldige und Verwerfliche ist, weil er sich an den Ärmsten der Kranken, an Suchtkranken, auf das schamloseste bereichert.

Den „Stoff", von dem hier die Rede ist, liefert die im südlichen Asien heimische Hanfpflanze *Cannabis sativa*, eine der ältesten Halluzinogene. Vor 6 000 Jahren war Cannabis für die Chinesen ein göttliches Gewächs, das schmackhafte Nahrung, Kleidung, Fischnetze und Lampenöl lieferte; nicht zuletzt galt es als ein vielseitiges Heilmittel.

Alte chinesische Dokumente erwähnen aber immer wieder den Hanf als „Sündenbefreier" und „Entzückenspender", ebenso wie wir ihn auf altägyptischen Tempelinschriften finden. Bei den Assyrern fand die Cannabispflanze im 9. Jahrhundert v. Chr. als Weihrauch Verwendung. Durch Herodot erfahren wir, daß die Skythen die Samen auf glühenden Steinen verbrannten und unter der Raucheinwirkung in Trance, ins „Heulen", gerieten. Neueste Grabungsfunde im Hochaltai, bei denen Inhalationsutensilien aus dem 5.–4. Jahrhundert v. Chr. ans Tageslicht kamen, haben die Aussagen Herodots bestätigt. Eine große Rolle spielt Cannabis seit jeher im Alltagsleben wie auch bei religiösen Riten. Die Hindus bezeichnen die Hanfpflanze als „Führer zum Himmel" und „Schmerzlinderer".

Der weltweit verbreitete Hanf ist unter den verschiedensten Namen bekannt; immer handelt es sich um die gleiche Rauschdroge, jedoch in unterschiedlicher Zubereitung. Haschisch ist das unveränderte, von den weiblichen Blüten abgeschiedene Harz, das zu Platten, Tafeln oder Stangen von dunkelbrauner bis schwarzer Farbe gepreßt wird. Genossen wird es in kleinen Spezialpfeifen, in Zigaretten, aber auch in Nahrungsmitteln und Getränken, und das Haschisch heißt unter Kennern *Hasch, Stoff, Shit* oder im Szenenjargon einfach nur *Was* [Hast du was?].

Marihuana wird aus den getrockneten und zerriebenen Blütenspitzen und Blättern hergestellt, für gewöhnlich mit Tabak gemischt und geraucht. In den USA nennt man diese Mischung auch *Pot* oder *Grass*, die Marihuana-Zigaretten heißen im Slang *Joints, Reefers, Mooters, Muggles* oder *Gates*. Feinste, von extra ausgewählten Zuchtpflanzen gewonnene „Marihuana-Auslese" heißt in Indien *Ganja* zum Unterschied von minderwertigerem und nur schwach wirksamen *Bhang*, der meist als Aufguß getrunken, in seltensten Fällen geraucht wird. Haschischraucher unterscheiden, wie Weintrinker, die Provenienzen nach Anbaugebieten. „Heller Türke" und „Roter Libanese" gelten als milde Sorten, „Schwarzer Afghan" und „Dunkelbrauner Pakistani" bescheren einen rascheren und kräftigeren Rausch.

Stärker wirkt die Haschdroge, wenn man sie mit Süßigkeiten zu Speisen oder Getränken einnimmt, schneller und im allgemeinen auch angenehmer freilich, wenn man sie mit Tabak raucht. Für den Anfänger „empfiehlt" es sich, nicht mehr als drei Tabak-

Haschisch-Zigaretten, über etwa zwei Stunden verteilt, zu rauchen. Wer nicht tief inhaliert und den Rauch nur kurz behält, kann ohne Schaden zehn und mehr Joints rauchen. Um das erstrebte Lustgefühl zu erreichen, um *high* zu sein, muß einiges zusammenkommen: die richtige Dosierung des richtigen Stoffs, eine optimale Rauchtechnik (tiefes und langes Inhalieren!), der richtige *Set* (die persönliche Disponiertheit) und das richtige *Setting*. Dieses vor allem: eine sympathische, harmonische Umgebung, eben die besondere Atmosphäre einer Hasch-Party, d. h. Menschen, Farben, Musik. Dies alles entscheidet darüber, ob es für die *User* ein guter oder ein frustrierender Trip wird.

Was die Ungezählten, die weltweit dem Haschischgenuß frönen, von dem verbotenen Gift erwarten und bekommen, ist in den Symptomen viel zu variabel, um einfach beschrieben werden zu können. Konstant ist zunächst die Euphorie: Ein Gefühl seligen Wohlbefindens, des Mit-sich-und-der-Welt-Zufriedenseins, ein vollkommenes Entspanntsein. Im Rausch selbst, so die Erlebnisberichte, tauchen längst vergangene Geschehnisse auf, laufen in Bildern und Bilderreihen wie ein Film ab — Interesse und wonnetrunkenen Genuß erregend, oft auch qualvolle Pein. Raum- und Zeitgefühl weiten sich im Cannabis-Rausch, optische Visionen voller Intensität und blendender Helligkeit entwickeln sich. Alles erscheint vergrößert, übersteigert, jedenfalls in neuen Dimensionen. Immer wieder auffallend: optische Eindrücke wandeln sich während des Trips in intensiv empfundene akustische Erlebnisse, Farben werden zu Tönen, und schon vorhandene Geräusche dringen näher ans Ohr, scheinen

in den Körper einzuströmen, widerhallen wie Donnergetöse. Viele Pop- und Beat-Musiker glauben, mit Hilfe der Cannabisdroge würden ihre verborgenen, wenn man will „verschütteten" kompositorischen Energien freigesetzt.

Eine objektive Darstellung der „weichen Droge" Haschisch gibt es nicht. Welche Formen das Rauscherlebnis annimmt, hängt weitgehend von der subjektiven Anlage des Haschisch-Konsumenten ab und natürlich von der Dosierung des „Stoffes". Seine Qualität, und damit auch die Quantität des Wirkstoffes richtig einzuschätzen, ist notwendig, aber nicht leicht. Eine Unterdosierung führt zu nichts, ein Zuviel kann recht üble Folgen haben. Nicht selten verliert dabei der Berauschte jede Selbstkontrolle und Selbstbeherrschung, was zu einem „Vernichtungsgefühl", zu Panik und Aggressionen gegenüber seiner Umgebung führen kann. Der chronische, exzessive Cannabisgenuß kann durchaus dazu führen, daß der Süchtige „asozial" wird; er landet um so leichter im Untergrund, je mehr er kriminell prädisponiert, „empfänglich gemacht" ist. Bei extrem starker Dosierung kann die Hanfdroge zu anhaltenden, schweren psychischen Störungen führen — bis zum „Horror-Trip".

Als weitaus am gefährlichsten gilt in User-Kreisen der sogenannte „Speedball"-Trip — Kokain und Heroin, addiert zu einer wahren Teufelsmischung. Dort der stimulierende, hier der berauschende Effekt — da ist nicht mehr kalkulierbar, wo die tödliche Schwelle liegt.

Erfahrungsgemäß gelingt die Entziehung vom Haschisch leichter als etwa der Alkohol-„Ausstieg", doch sind auch bei Cannabis alle Merkmale der

Gewöhnung gegeben. Was vielleicht das Wesentliche ist: die „sanfte" Droge Haschisch, für deren „Unschädlichkeit" gar so gerne plädiert wird, spielt in vielen Fällen nachweislich die Rolle eines „Zünders" und stellt lediglich eine Vorstufe dar für härtere Drogen, etwa Heroin oder LSD.

Rauschgifte sind im Pflanzenbereich häufiger, als man es zunächst vielleicht vermutet. Seit nahezu 100 Jahren bemüht sich die Wissenschaft um die Erforschung der chemischen Eigenschaften der Giftpilze; dabei hat das Vorkommen spezifischer Toxine bei verschiedenen Blätterpilzen zur Entdekkung berauschender Wirkstoffe geführt, die bei einigen Arten eine immerhin bedeutende Vorgeschichte aufweisen.

So dürfte der farbenprächtige Fliegenpilz *Amanita muscaria* mit seiner blutroten, weißgefleckten Haube nach neueren Theorien möglicherweise als eine der ältesten halluzinogenbenutzten Pflanzen gerade indo-europäischer Religionen und Mythen gelten. Mehr und mehr vertritt man heute die Ansicht, daß man in ihm das göttliche *Ambrosia* der mediterranen Göttergestalten wie auch das schon erwähnte *Soma* der wedischen Rituale und Religion zu sehen habe.

Seit jeher verwenden in einigen Teilen Sibiriens gewisse Stämme, insbesondere deren Schamanen, den Pilz bei orgiastischen Zeremonien zur Herbeiführung eines trunkenen Zustandes, um mit der geistigen Welt in Kontakt zu kommen. Noch heute stellen Tschuktschen, Koryaken und Kamtschadalen mit Rentiermilch oder Beerensaft Fliegenpilz-Extrakte her, denen sie Saft der Trunkelbeere *(Vaccinium uliginosum)* oder von Weidenröschen-*(Epilobium-)*Arten zusetzen.

Manchmal werden die Pilze auch nur gekaut, ohne daß man sie verschluckt. Wie man heute weiß, beruhen die toxischen und spezifisch psychotropen Eigenschaften des Fliegenpilzes nicht oder nur in geringem Maße auf dem Alkaloid Muscarin, das sich in frischen Pilzen nur in äußerst kleinen Mengen von etwa 0,0002 Prozent findet. Die Hauptwirkung geht von chemisch recht einfachen, das Zentralnervensystem beeinflussenden Stoffen aus, vom Muscimol und der (insektiziden) Ibotensäure. Muscimol passiert den Körper unverarbeitet, was zu der immerhin merkwürdigen Sitte, den Urin eines vergifteten Menschen zu trinken, Anlaß gegeben haben dürfte. Die Zeremonie des Urintrinkens ist schon in den altindischen Rigweda-Hymnen bezeugt, wieder entdeckt wurde sie erst in den letzten Jahren, und zwar interessanterweise in den Vereinigten Staaten bei den Ojibwa-Indianern.

Der Fliegenpilzrausch beginnt zunächst mit leichter Euphorie, die aber bald in farbige, übernatürliche Visionen übergeht. Alle Dinge werden in übergroßen Dimensionen wahrgenommen: ein Erdspalt wird zu einem jähen Abgrund, ein dünner Zweig zu einem Baum, ein Mensch zu einem drohenden Goliath. Danach folgt eine Phase hemmungslosen und zerstörerischen Verhaltens, die Berauschten werden in zunehmendem Maße gewalttätig und benehmen sich dann „berserkerhaft".

Die psychoaktivsten Giftpilze finden sich freilich nicht in unserer Heimat, sie wachsen in den Bergwäldern Mexikos und werden von den Schamanen streng geheimgehalten; sie sind Gegenstand und Mittelpunkt religiöser Riten. Die meisten kennt man heute, allen voran den kleinen rötlichen *Psi-*

Pilzstein aus präklassischer Maya-Zeit (2000 v. Chr. bis Zeitwende). Höhe etwa 30 cm. Gezeichnet nach dem Ausstellungskatalog „Kunst der Maya", Köln 1966. Der Wissenschaft geben diese Pilzsteine nach wie vor große Rätsel auf. *teonanácatl*, d. h. Fleisch Gottes, nennen die Azteken die heiligen Pilze. Wir wissen heute, daß sie auch in Südamerika, vor allem am oberen Amazonas und in Peru, weitverbreitet waren und schon früh bei schamanistischen Zeremonien besonders für Zwecke der Weissagung gebraucht wurden.

locybe mexicana, der vor allem im Hochland der Sierra Madre Oriental wächst, im Lande der Mazateken. Die rauscherzeugenden Wirkstoffe sind die Indol-Alkaloide Psilocybin und Psilozyn. Die psychotogene Wirkung des reinen Psilocybins tritt bereits in einer Menge von wenigen Milligramm ein. Das anfängliche Gefühl wohltuender Entspannung steigert sich bei höherer Dosierung (bis 10 mg) zu echten Halluzinationen, zu phantastischen Farbräuschen mit Klanguntermalung und einem permanenten Ansturm innerer Bilder. Längst vergessene Erlebnisinhalte kommen wieder an die Oberfläche des Bewußtseins, Zeit und Raum erscheinen in der Wahrnehmung verschoben. Häufig kommt es zu einer totalen Trennung von der eigenen Körperlichkeit und der Umgebung — die Isolation der Seele von der Welt und ihrer Realität ist vollkommen. Am Ende stehen tiefste Niedergeschlagenheit und Erschöpfung.

Der Gebrauch von Giftpilzen mit sinnesverändernden Eigenschaften stellt ein uraltes Element der mittelamerikanischen Indianerkulturen dar. Ihren numinosen, magisch-kultischen Charakter bezeugen 1 700 Jahre alte mexikanische Fresken ebenso wie die Pilzsteine, die man bei Ausgrabungen von Maya-Städten gefunden hat; sie werden auf etwa 500 v. Chr. datiert. Es handelt sich um Steinartefakte, um pilzähnliche Figuren mit menschlichen oder tierischen Gesichtern.

Die erste Nachricht über die zeremonielle Verwendung von Rauschpilzen stammt von dem Franziskanerpater Bernardino de Sahagún aus dem Jahre 1529. Über eine Festlichkeit der Chichimeka-Indianer schreibt er unter anderem: „Das erste, was gegessen wurde, war ein schwarzer Pilz, den sie „teonanàcatl" nennen. Er berauscht und verursacht Visionen des Gesichts . . . wenn die Wirkung beginnt, fangen sie an zu tanzen, einige singen, andere weinen unmäßig. Sie sagen, daß diese Tränen dazu dienen, um die Visionen, die sie hatten, aus den Augen zu waschen."

Wie nicht anders zu erwarten, bekämpften die spanischen Missionare mit heiligem Eifer diesen „teuflischen" Kult mit den Rauschpilzen, die die Indios als besonderes „Geschenk der Götter" ansahen und denen sie die Vermittlung prophetischer Erleuchtung zuschrieben. Pilzfeste und nächtliche Pilzzeremonien finden auch in der Gegenwart unter den Indios von Mexiko noch statt und konnten 1955 von dem englischen Forscherehepaar Wasson miterlebt werden. Was Forschungsreisenden in der Zeit zuvor niemals gelungen war, die Wassons erhielten auch Pilzmaterial. Dieses konnte einwandfrei als *Psilocybe mexicana* botanisch identifiziert werden. 1958 gelang es im Sandoz-Labor (Basel) dem Entdecker des LSD, Albert Hofmann, den Psilocybin-Wirkstoff rein darzustellen, eine Droge, die durch ihre Indolstruktur eine markante Verwandschaft mit Mescalin und anderen Halluzinogenen aufweist.

Es gehört zu den auffallend frühen Entwicklungsmerkmalen von Naturvölkern und erst recht der Hochkulturen, daß sie eine weitreichende Kenntnis halluzinogen wirkender Giftpflanzen besaßen. Die Geschichte zahlreicher Rauschgifte bestätigte dies, gleich ob wir dabei an „klassische" Toxine wie Haschisch oder Opium denken oder den reichen, seit je in profanem oder kultischem Gebrauch stehenden Drogenschatz ins Auge fassen, wie ihn etwa das Land der Maya und Azteken anzubieten hat. Neben den bereits in der Frühzeit entdeckten Pilzrauschgiften verdienen als Halluzinogene das Kakteengift Mescalin, die Zauberdroge Ololiuqui und der Toloachi-Stechapfeltrank besonderes Interesse. Berühmt ist der mexikanische Peyote, ein kleiner, stacheloser, genoppter Kaktus mit einem weißlichen Haarkissen und einer rübenartigen Wurzel. Seine wissenschaftliche Benennung ist *Lophophora williamsii*, sein Gebrauch schon sehr alt. Etwa 7 000 Jahre alte Kakteenköpfe haben Archäologen bei Ausgrabungen in Texas entdeckt, Peyote-Darstellungen finden sich auf einer 2 000 Jahre alten Graburne. *Lophophora williamsii* wächst in den Wüstengebieten von Zentralmexiko bis nach Texas.

Der Kaktus wird mal roh gegessen, mal als Absud getrunken, aber meist als *mescal button* gekaut. Gefunden wurden bis jetzt 30 Alkaloide, in der Hauptsache Phenyläthylamine und Isochinoline, von denen das 1896 isolierte Mescalin als der eigentliche Träger des mehrere Stunden dauernden Peyote-Rausches anzusehen ist. Nach eine Periode euphorischer Ruhe folgen Bilder von erstaunlicher Pracht, wahre Kaskaden von Licht und Farbe, vielfach begleitet von traumhaft schöner Musik. Mit steigender Dosierung gerät der Berauschte in ein Stadium der „Ichlosigkeit" und seliger Schwerelosigkeit; zugleich erhält alles, sei es noch so unbedeutend und unscheinbar, eine überdimensionale Wichtigkeit. Nach Aussagen von Versuchs-

Peyote (*Lophophora williamsii*). Das langsame Wachstum, das begrenzte natürliche Vorkommen, dazu die steigende Nachfrage durch kommerzielle Sammler und nicht zuletzt die zunehmende Verwendung in Religions- und Heilritualen haben diesen Igelkaktus in hohem Maße gefährdet, so daß er wohl bald unter Naturschutz gestellt werden muß.

Bischofsmütze (*Astrophytum myriostigma*). Dieser Hochgebirgskaktus, dessen Heimat Mexiko ist, hat den Peyote-Alkaloiden ähnliche Wirkstoffe, die als Halluzinogene wie auch für medizinische Zwecke verwendet werden.

Rechte Seite: Prunkwinde *Ipomoea*. Durch Tropan-Alkaloide bestehen zwischen Giftwinden und den Nachtschattengewächsen unverkennbar Beziehungen. Samen von *Ipomoea violacea* sind in jüngster Zeit auch in der Schweiz als Berauschungsmittel beobachtet worden (nach Steinegger-Hänsel).

personen verfeinert das Mescalin den Tastsinn ins Unwahrscheinliche, alles Gegenständliche und Körperliche wird „bis ins Letzte greifbar" empfunden. Interessanterweise sind alle Halluzinationen an optische Erinnerungsbilder gebunden, Blindgeborene haben im Mecalinrausch keine bildhaften Visionen. Für viele ist der Mescalin-Trip eine Reise in eine paradiesisch schöne, entrückte Welt; andere empfinden demgegenüber das Erwachen als eine erlösende Rückkehr aus einer immerhin recht realistisch erlebten „Hölle". Doch ist das alles eine Frage der Eigenpersönlichkeit, der jeweiligen Stimmungslage und physischen Verfassung. Peyote macht nicht süchtig und hat auch keinerlei Nachwirkungen. Ohne Zweifel kommt der von ihm hervorgerufene Rauschzustand der typisch bildhaften Mentalität der

Indios und ihrer religiösen Welt sehr entgegen. So genießt diese Kakteenpflanze – „empfindendes Wesen, Führer, Hüter und Geisterhelfer der Schamanen" – kultische Verehrung, ja sie steht auf gleicher Stufe mit dem wichtigsten Erzeugnis des heimischen Akkerbaus, dem heiligen Mais. Peyote ist aber auch ein magisch-medizinisches Mittel, das bei Heilungsriten verwendet wird.

In seiner ursprünglichen Form ist der Peyote-Kult im heutigen Mexiko bis auf einige entlegene Gebiete kaum noch lebendig. Noch zur Zeit der Azteken galt Peyote als „Weg in den Himmel", ja, als Gottheit selbst. Die spanischen Eroberer waren im 16. Jahrhundert außerstande, die religiösen Riten zu unterdrücken, etwa die alljährlichen Peyote-Feiern, die zu tagelangen Räuschen führten, oder die Pilgerfahrten ganzer Stämme unter Führung eines angesehenen Schamanen in weit entfernt liegende Gebiete, wo der magische Kaktus in großen Beständen auftrat.

So verschmolz die Verehrung dieser Pflanze in Jahrhunderten in zunehmendem Maße mit dem Christentum. Selbsternannte Propheten, Gesundheitsapostel und „Reformatoren" haben längst in Form von Sekten einen neuen „Peyotismus" geschaffen, der in den Vereinigten Staaten und Kanada viele Anhänger hat. Die Gläubigen der „Peyote-Kirche", der indianischen *Native American Church* wie auch der *Church of God of New Mexico*, sind überzeugt, daß Peyote, den man an Stelle der Hostie beim Abendmahl reicht, als „Leib Christi" gelte, die Seele und den Körper läutere und darum „vor Gott" gefällig sei. Wen wundert, daß die traditionellen christlichen Kirchen einen solchen sakramen-

talen Gebrauch des Rauschkaktus als
Blasphemie empfanden und ihm darum mit allen, auch gesetzlichen Mit-
teln den Kampf ansagten. Eine Gruppe von Indianern – darunter Angehö-
rige der *Native American Church* –
mußte in unserem Jahrhundert, nachdem der Peyote-Verzehr als der Mittelpunkt ihrer sonst christlichen Got-
tesdienste verboten wurde, einen langen Kampf mit dem Obersten Ge-
richtshof in Washington ausfechten.
Sie gewannen diesen Prozeß.
Aus dem peruanischen Küstengebiet
ist bekannt, daß die Dorfschamanen
Kranke, soweit deren Leiden als „an-
gezaubert" gelten, mit besonderen
pflanzlichen Stoffen behandeln. Verwendet wird der San-Pedro-Kaktus
(*Trichocereus pachanoi*) für die Zubereitung eines mit Stechapfelblättern
und Bärlappkraut vermischten
Rauschgetränkes. Man glaubt, daß die
durch den Kaktus hervorgerufenen
Visionen den Schamanen in die Lage
versetzen, die Krankheit und ihre
„magische" Ursache zu durchschauen.
Mit der Entdeckung des Hauptwirk-
stoffes Mescalin, dessen Konzentra-
tion etwa der von Peyote entspricht,
fanden die bewußtseinsverändernden
Eigenschaften des San-Pedro-Kaktus
ihre Erklärung. Sein ritueller Gebrauch ist uralt, was auch in diesem
Falle archäologische Funde beweisen.
So gibt es aus dem 1. Jahrtausend
bildliche Darstellungen des Kaktus,
zusammen mit Lamas, Vögeln und Ja-
guaren, und aus späterer Zeit solche
auf Grabkeramiken. Von anderen mexikanischen Zauberdrogen, die unter
den Namen *Ololiuqui* und *Badoh ne-
gro* als heilige Rauschmittel verwendet
wurden, berichten bereits frühe spanische Chronisten. Immerhin hat es fast
vier Jahrhunderte gedauert, bis Eth-

„Der Redner" – Zeichnung im LSD-Rausch. Nach Levenberger. Unter dem Einfluß dieser Psychodroge verwandelt sich, wie aus Berichten immer wieder zu entnehmen ist, die Umgebung in beängstigender Weise. Vertraute Dinge nehmen groteske, nicht selten bedrohliche Formen an, und selbst vertraute Menschen erscheinen mit einem Mal bösartig und mit fratzenhaften Zügen. Eine andere Welt, andere Maßstäbe und Räume tun sich auf, der eigene Körper erscheint fremd, ohne Gefühle und ohne Leben.

nobotaniker und Phytotechniker ihr Geheimnis zu lösen vermochten. Es handelt sich um Windengewächse, bei Ololiuqui um die Art *Rivea corymbosa* und bei der Badoh um die Trichterwinde *Ipomoea violacea*.

Einige Indianerstämme bereiten heute noch aus diesen Giftwinden Rauschtränke. Dabei zerquetscht man die steinharten Samen, läßt sie anschließend in Agavenmost (Pulque) oder einem leicht fermentierten Ananasgetränk aufquellen und trinkt dann das Filtrat. Mehr noch als Peyote nahm die Ololiuqui-Droge bei den Azteken in der Heilkunde wie vor allem in ihren magisch-religiösen Bräuchen einen bevorzugten Platz ein. Vor über 300 Jahren berichtet der spanische Arzt Francisco Hernandez von der schmerzlindernden, entzündungshemmenden und heilenden Wirkung der Ololiuqui-Samen, und er meint, daß die Indio-Priester nach Einnahme des Windengetränkes mit den verstorbenen Angehörigen, ja selbst mit dem Teufel in Verkehr träten. Ololiuqui sei für sie sowohl ein „Orakelkraut" wie eine „Wahrheitsdroge". Die unter ihrer bewußtseinserweiternden Wirkung Stehenden waren anscheinend derart enthemmt, daß sie sich ohne weiteres ausfragen ließen, hartnäckig gehütete Geheimnisse preisgaben und ihnen zur Last gelegte Verbrechen unumwunden eingestanden. Es gehört nicht viel Phantasie dazu sich vorzustellen, welches Machtmittel den Schamanen mit diesen Windengiften in die Hand gegeben war, das sie wohlweislich jahrhundertelang vor Fremden geheimhielten.

Die chemische Untersuchung der Samen von Ololiuqui brachte für die Laboratorien der Sandoz A.G. in Basel einen unerwarteten Befund, und zwar in doppelter Hinsicht. Zunächst ergab sich, daß die Alkaloide von *Rivea* und *Ipomoea* fast identisch sind, und weiter machte man die Entdeckung, daß sie das gleiche Grundgerüst hatten wie die Alkaloide des Mutterkornpilzes, nämlich Lysergsäurederivate. Das Vorkommen von Mutterkorn-Alkaloiden war bislang nur bei niederen Pilzen der Gattung *Claviceps* und neuerdings noch bei Schimmelpilzen der Gattung *Aspergillus* sowie bei Algenpilzen der Gattung *Rhizopus* bekannt. Die halluzinogenen Lysergsäurederivate sind eng verwandt mit Lysergsäurediäthylamid, dem bekannten und hochwirksamen LSD. Dieses Rauschmittel LSD, das sich gegenwärtig einer weltweiten Publicity erfreut, ist ein halbsynthetisches Erzeugnis der Chemie, eine Leistung freilich, die ohne die Mithilfe der Natur nie möglich gewesen wäre. Wir kennen gegenwärtig keine Rauschdroge mit größerer Wirksamkeit auf das menschliche Bewußtsein als LSD, welches bereits in einer Dosierung von 0,02 bis 0,05 Milligramm wirkt. Es ist 5 000- bis 10 000mal wirksamer als das Mescalin des mexikanischen Zauberkaktus Peyote und 150- bis 300mal wirksamer als das Psilocybin. Die mexikanische Tulpenwinde Ololiuqui erreicht nur ein Hundertstel der LSD-Wirkung.

Mit dem Hauptwirkstoff der Ololiuqui-Pflanze und dem halbsynthetischen LSD hat die „neue Welle" in der Geschichte der Halluzinogene begonnen. Sein Entdecker, der schon erwähnte Sandoz-Chemiker Albert Hofmann, erlebte 1943 im Laufe seiner Experimente ungewollt, rein zufällig, den ersten LSD-Trip, und den mit allen Symptomen, die man heute noch als typisch für dieses mächtige Halluzinogen ansieht: manisch-depressive

Zustände, schwerste bewußtseinserweiternde Sinnestäuschungen, Farbvisionen intensivsten Ausmaßes. Wir kennen heute unzählige Berichte von LSD-Anhängern – die einen enthusiastisch, andere wieder abschreckend und voller Entsetzen. Wir wissen, daß es bei psychisch Labilen zu wahnsinnsähnlichen Symptomen, anhaltenden Depressionen, Selbstmordversuchen und Gewalttaten als Folge des LSD-Genusses kommen kann. „Mein Ich ist mir davongelaufen", sagt eine Versuchsperson. Eine andere erklärt: „Ich bin aus der Haut gefahren und stehe jetzt neben ihr". Zwei Seelen, ein doppeltes Bewußtsein wohnen im Hirn des LSD-Schluckers und des – Schizophrenkranken. „Himmel-Trip" oder „Höllen-Trip" – das ist die Frage bei jedem LSD-Genuß, und darin liegt wohl die eigentliche Gefahr. Die Nichtvoraussehbarkeit hat LSD mit Recht den Ruf eines wahren Satansstoffes eingebracht. LSD ist die gefährlichste Droge unseres Jahrhunderts geworden. Der Schwarze Markt blüht in den USA und hat längst auf Europa übergegriffen. Ein LSD-Kult fand bereits seine Apostel, die die „Wohltaten" dieses chemischen Nirwana propagieren und immer weiteren Kreisen zugänglich machen wollen.

Was allgemein wohl nicht bekannt ist: LSD stellt seit langem ein wertvolles Werkzeug in der biologischen Forschung dar. Besonders in der Neurologie, beim Studium der Reizübertragung in den Nerven können mit Hilfe von radioaktiv markiertem LSD neue

Peganum harmala, die Steppenraute, auch Harmelstaude genannt (Familie der Zygophyllazeen) tritt mit Vorliebe in der Nähe von menschlichen Siedlungen und Karawanen-Rastplätzen auf, wo sie ihrer Giftigkeit wegen selbst von Kamelen gemieden wird.

Blühender Zweig von *Virola calophylloidea* mit einem schnupfenden Eingeborenen. Zeichnung von E.W. Smith (1954). Schon frühzeitig haben die südamerikanischen Indianer herausgefunden, daß das *Virola*-Pflanzenmaterial nur dann halluzinogen wirkt, wenn es als Schnupfpulver angewendet wird. *Virola* ist aber auch eine alte Indianermedizin, die innerlich und äußerlich zur Anwendung kommt, so bei Durchfällen und Gonorrhöe (Tripper). Die zu Pulver zerstoßene Wurzelrinde nimmt man bei Neugeborenen gegen Wunden des Nabels (nach Warburg).

Erkenntnisse gewonnen werden, insbesondere Hinweise auf die Lokalisation bestimmter psychischer Funktionen im Gehirn.

Es ist sicher ungewöhnlich, daß zwei Pflanzen unterschiedlichster Familien und Klimate chemisch und pharmakologisch weitgehend identische Wirkstoffe besitzen. Dieser Fall ist gegeben bei *Banisteriopsis*-Arten, südamerikanischen Lianen aus der Familie der Malpighiaceen, und bei der Zygophyllacee *Peganum harmala,* der Steppenraute, die als verbreitetes Unkraut in den trockenen Gebieten des östlichen Mittelmeerraumes bis in die Wüsten Zentralasiens anzutreffen ist.

Die Hauptwirkstoffe dieser beiden Gewächse – Banisterin, Harmin und Harmalin –, die aus Wurzeln, Rinde und Blättern gewonnen werden, verursachen einen traumreichen Rausch mit lebhaften und, wie es heißt, eigenartigen telepathischen Visionen. Während die Indios des Amazonasgebietes den aus der Rinde von *Banisteriopsis* gewonnenen *Caapi*-Trank in erster Linie für Kulthandlungen verschiedenster Art, wie Mannbarkeitsriten, Weissagungen und dergleichen, verwenden, ist die Steppenraute in der Volksmedizin bei den Nomaden Nordafrikas und Arabiens als vielseitig nützliche Arznei hochgeschätzt, wobei man am meisten die krampflösende und schmerzlindernde Wirkung zu nutzen scheint. Auch hilft nach altem Aberglauben die Pflanze gegen den „bösen Blick" und zum Austreiben von Geistern. Noch heute trägt man in Nordafrika und Kleinasien Gehänge aus den Samen der Steppenraute.

Eine nicht zu übersehende Rolle innerhalb der exotischen Zauber- und Rauschdrogen spielen die halluzinogenen Schnupfpulver, wie sie bei den südamerikanischen Indianern seit Jahrhunderten in Gebrauch sind. Bereits Alexander von Humboldt berichtete über die Otomac-Indios, die die gerösteten, pulverisierten und mit alkalischer Asche gemischten Samen von *Piptadenia peregrina,* einem kleinen Baum aus der Familie der Leguminosen, durch einen gegabelten Vogelknochen in die Nase inhalieren und dadurch in einen „sonderbaren, wahnsinnsähnlichen" Rauschzustand geraten. In der Trance dieses sogenannten *Yopo*-Rausches, der in der Regel den Schamanen vorbehalten ist, findet eine visionäre „Zwiesprache mit den Göttern" statt, die prophetische Weissagungen mitteilen.

Der halluzinogene Effekt dieses Schnupfpulvers beruht auf dem hohen Alkaloidgehalt der Samen, wobei das „Krötengift" Bufotenin am wichtigsten ist. Diese Psychodroge ist oral nicht wirksam; ihre berauschende Wirkung entfaltet sie erst, wenn sie geschnupft, mithin von der gefäßreichen Nasenschleimhaut absorbiert wird und dann mit dem Blut das Gehirn erreicht.

Ein anderes berauschendes Schnupfpulver gewinnen manche südamerikanische Indianerstämme aus der Rinde verschiedener Dschungelbäume der Gattung *Virola.* Das blutrote Harz der als adstringierendes Heilmittel geschätzten Rinde wird zu einem Sirup gekocht, getrocknet und pulverisiert und zuweilen noch mit Rindenasche eines wilden Kakaobaumes vermischt. Das Schnupfpulver, von den Eingeborenen *Yákee, Paricá* oder *Epéna* genannt, wird in ein Bambusrohr oder einen Röhrenknochen eingebracht und von einer zweiten Person in das Nasenloch eingeblasen. Der *Yákee*-Rausch, dem sich vorzugsweise Schamanen zu unterziehen pflegen, hat eine hochgradig narkotische Wirkung. Äußerste Erregbarkeit, Gliedersteife, Muskelzuckungen und visuelle Halluzinationen gehen einem tiefen, unruhigen Schlaf voraus, in dem sich der Berauschte wie im Fieberdelirium gebärdet. Hin und wieder kommt es bei Überdosierung zu schweren Vergiftungen, für die weniger das halluzinogene Dimethyltryptamin (DMT) als vielmehr das sehr giftige Myristicin verantwortlich sein dürfte.

Bekanntlich kommt dieses Myristicin als ätherischer, stark riechender Ölstoff auch im Samen des von den Molukken stammenden Muskatnußbaumes (*Myristica fragans*) und in der Frucht des Petersilienkrautes vor. Die Fälle sind nicht neu, da Süchtige zu Muskatnuß-Extrakten greifen, um zu einem Rauscherlebnis zu kommen, und neuerdings hört man von drogensüchtigen Jugendlichen in den USA, die DMT zusammen mit Petersilienkraut rauchen. Im DMT-Rausch, der manche Ähnlichkeit mit dem LSD-Rausch hat und übrigens sehr rasch zu Leberschäden führt, sind der Zeit- und Raumsinn gestört, doch sind visuelle Halluzinationen selten. Die berauschende Wirkung der Muskatfrucht, die bereits in altindischen Weda-Texten als *madashaunda* („berauschende Frucht") genannt wird, soll, wie es heißt, nicht eben besonders angenehm sein.

Auffallend arm an halluzinogenen Pflanzen ist die Familie der wegen ihres Alkaloid- und Glykosidgehaltes vielfach sehr toxischen Hundsgiftgewächse (*Apocynaceae*). Erinnern wir uns der Rauvolfia-Arten, des Oleanders oder der Pfeilgiftgewächse Strophanthus und Acokanthera. Seit mehr als 100 Jahren bekannt ist *Tabernanthe*

iboga, ein Strauch der westafrikanischen Regenwälder. Die Eingeborenen kauen die gelblichen Wurzeln dieses Gewächses, das in der Volksmedizin eine vielseitige Verwendung findet. Wenigstens ein Dutzend Indol-Alkaloide sind bis jetzt bekannt. Das Hauptalkaloid Ibogain hat eine kokainähnliche Wirkung, soll angeblich ein stärkeres Halluzinogen als LSD sein und wurde erst in jüngster Zeit von der *US Food and Drug Administration* in die gleiche Kategorie eingeordnet. Kleine Dosen haben nur eine stimulierende Wirkung; in höherer Dosierung aber, wie sie bei rituellen Handlungen, so beim *bwiti*-Kult im Kongo und in Gabun, unter den Eingeborenen üblich sind, kommt es zu epilepsieähnlichen Erregungszuständen mit eigentümlichen Halluzinationen, die, wie es den Anschein hat, Einsichten in das Unbewußte möglich machen. Es wird auch versichert, daß die Ibogain-Droge Kraft und Ausdauer erhöhe und aphrodisische Wirkung zeige.

In unserer Zeit der Opiate, des Haschisch und der zahlreichen synthetischen und halbsynthetischen Drogen interessieren die Nachtschattengewächse in erster Linie als historische Gifte, als Hexensalben, Liebestränke oder als Mordgifte. In der Gegenwart haben sie längst ihre Schrecken verloren und als beruhigende und krampflösende Mittel einen festen Platz im Arzneischrank gefunden.

Anders ist es bei den weltweit verbreiteten Stechapfel-Arten, welche als Rauschgifte früher wie auch heute noch eine nicht geringe Rolle spielen, insbesondere wenn sie in Magie und Schamanismus Eingang gefunden haben. Die meisten *Datura*-Arten enthalten Tropan-Alkaloide: Atropin,

Auch die Muskatnüsse gehören zu denjenigen Drogen, welche Halluzinationen hervorrufen. Muskatnußsüchtige sollen angeblich bis zu acht Nüsse verzehren! Die Toxikologie von *Myristica* ist noch nicht völlig geklärt, doch scheint die Wirkung auf verschiedenen, in dem Ätherischen Öl der Samen enthaltenen Substanzen zu beruhen, in erster Linie Myristicin, Elemycin und Safrol.

Weißer Stechapfel (*Datura stramonium var. tatula*). Das im Stechapfel enthaltene Alkaloid Daturin und andere Giftstoffe wirken ähnlich, nur nicht ganz so stark, wie Belladonna, die Tollkirsche.

Rechts: Die giftigen Früchte des Stechapfels sollen ein Bestandteil der berüchtigten Hexensalben gewesen sein, die Delirium und Halluzinationen zur Folge hatten.

den Hauptbestandteil der Alraunwurzel; Hyoscyamin und Scopolamin, die Hauptwirkstoffe unseres Bilsenkrautes und der Tollkirsche. Sie alle sind für die berauschende Wirkung verantwortlich.

Seit Jahrhunderten wird *Datura metel* in Afrika und Asien verehrt, wir finden sie in den frühesten Sanskrit- und chinesischen Schriften erwähnt. Man raucht die Samen, gelegentlich zusammen mit Cannabis oder Tabak. Auch andere Stechapfelarten finden als Halluzinogene Verwendung. So bereiten in Bolivien und Kolumbien die Schamanen bei religiösen Zeremonien aus der rotblühenden *Datura sanguinea* den berauschenden *tonga*-Trank mit dem Ziel, Visionen und Träume zu erleben, okkulte Kräfte zu erlangen, mit Verstorbenen in Kontakt zu kommen und die Zukunft vorhersagen zu können. Eine große Rolle spielen

beim *tonga*-Rausch sexuelle Motive. Unwillkürlich wird man an das mittelalterliche Hexenwesen erinnert. Im Atropin-Delirium genossen die Hexen „unerlaubte Freuden des Fleisches", die sie dann mit Folterqualen und ihrem Leben bezahlen mußten.

Die Indianer Nordmexikos wie auch die im Nordosten der USA kauen und rauchen die Blätter von *Datura stramonium*, dem Gemeinen Stechapfel, der im 16. Jahrhundert nach Spanien zunächst als Gartenpflanze eingeführt wurde und bei uns als Ödlandunkraut verwildert wächst. Dieser *toloachi* ist auch im heutigen Mexico recht beliebt und wird gerne dem *tesguina*, einem gegorenen Maistrank, zugefügt. Im alten Mexiko war *toloachi* nicht nur Rauschgift, sondern auch ein begehrtes Gegenmittel, wenn man beim Genuß von Psilocybe-Pilzen des Guten zuviel getan hatte. Heute wissen wir, daß Atropin tatsächlich ein wirksames Antidot gegen das Muscarin ist. In Brasilien werden die Stramonium-Blätter geraucht, vorzugsweise gegen Asthma („Asthmazigaretten"). Auch in den Ländern China und Indien sind, ungeachtet des starken Opiumkonsums, *Datura*-Blätter als rauschbringende Droge begehrt.

Genußgifte –
Flucht in die Anregung

Rausch- und Genußgifte haben manches Gemeinsame. In jedem Falle wirken sie stimulierend, schaffen ein gewisses Wohlbehagen und kommen damit dem menschlichen „Urverlangen" nach Anregung und Entspannung in hohem Maße entgegen. Wie die Rauschdrogen können auch die Genußmittel typische Gewöhnungssymptome auslösen – wir brauchen nur an Tabak und Kaffee oder das Betelkauen zu denken. Der chronische Mißbrauch ist es, der zahlreiche Gewächse zu echten Genußgiften werden läßt, weil sie den Menschen unfrei machen, ihn in ein Zwangs- und Abhängigkeitsverhältnis versetzen.

Das Rauchzeitalter

Daß die Genußgifte wie in der Vergangenheit so auch für alle Zukunft wohl unausrottbar bleiben, das lehrt das Beispiel des Tabaks (*Nicotiana*), der heute nahezu die ganze Menschheit beherrscht. Durch ein mexikanisches Tempelrelief ist das Tabakrauchen für das erste Jahrtausend n. Chr. nachgewiesen, und bereits lange vor der Entdeckung Amerikas wurde die Pflanze von Brasilien bis Mexiko angebaut. Überall wurde Tabak als „heilige Gabe der Götter" aufgefaßt, Azteken und Maya verehrten dieses Nachtschattengewächs. Die amerikanischen Indianer kannten jede Methode des Tabakgenusses: Rauchen in Pfeifen, Zigarren und Zigaretten, Trinken von Tabakaufgüssen, Kauen von geschnittenem Material, Schnupfen und sogar die Verwendung als – Klistier.

Im 16. Jahrhundert kam die Droge durch spanische und portugiesische Seefahrer nach Europa, um von hier aus sich über die ganze Welt auszubreiten – es war wohl die größte Drogenepidemie der Geschichte! Nicht anders als der Kaffee trug auch der Tabak den Ruf eines großartigen Heilmittels. Alte Kräuterbücher loben das „heilige Wundkraut", das nicht allein bei Verwundungen und Geschwüren hilft, sondern auch bei Gebrechen der Brust und der Lungen (!). Wir lesen da, daß die Schiffsleute, so aus Indien und Portugal kämen, die Blätter dieses Krautes gedörrt oder zusammengewickelt in ein Röhrchen von Palmblättern zu stecken pflegten, solches an einem Ende anzündeten und den Rauch oder Dampf mit dem Mund sich in den Leib saugten. Und weiter heißt es, solcher Rauch vertreibe ihnen den Hunger und den Durst und gäbe ihnen solche Kraft, daß sie stark und fröhlich danach würden und auch davon einschliefen, wie wenn sie vom Wein trunken wären.

Nach der Einführung des Tabaks aus seinen Ursprungsländern kam es zu einer Säkularisierung seines Gebrauchs im Gegensatz zu der meist rituell-religiösen Funktion, die der Tabak ursprünglich erfüllte. Gerade indianischen Volksgruppen mag es schwergefallen sein, zwischen Tabak als Medizin und als Opfergabe zu trennen. Dient doch nach ihrem Glauben der Tabakrauch dazu, die Gottheit

Oben: Rauchender Regengott. Relief am Kreuztempel von Palenque (Mexiko). Nach dem Glauben früherer Kulturen ist der Tabak ein Geschenk der Götter, sein Rauch gilt aber auch als eine Opfergabe, die man den Göttern darbietet. Man glaubt an eine überirdische Macht und Kraft im Rauch und im Duft des Tabaks. Diese Faszination des blauen Dunstes ist über Jahrtausende geblieben bis in unsere Gegenwart.

Abbildung einer Tabakpflanze aus Lonitzers Kräuterbuch (1679), die hier *Heilig Wundkraut* benannt ist. Daneben ein rauchender Indianer, der mit Hilfe eines „Trichterleins den Dampf dieses Krautes an sich zieht".

gnädig zu stimmen, andererseits den Kranken von seinem „angezauberten" Leiden zu befreien. Durch Auflegen von Tabakblättern, Anblasen mit Tabakrauch, nicht zuletzt aber vermittels der Ekstase des Schamanen – herbeigeführt durch eine hohe Tabakdosis, die ihn den Grund der Erkrankung „schauen" läßt – vollzog sich die Heilungsprozedur.

Eine große Rolle spielte und spielt sehr oft der Tabak als sozialer Funktionsträger. Bekannt ist ja das gemeinsame Rauchen der Kriegs- oder Friedenspfeife bei nordamerikanischen Indianern. Solche „Pfeifenrituale" symbolisieren indianische Würde und Tradition, und sie gehören auch heute noch zum festen Bestandteil besonderer Zusammenkünfte, sei es nun in den Reservationen oder auf dem Universitäts-Campus.

Tabak war anfänglich ein recht kostspieliges Genußmittel, sein Gewicht wurde in England im frühen 17. Jahrhundert in Silber aufgewogen. Dieser hohe Preis hatte aber keineswegs eine abschreckende Wirkung, schon gar nicht für den Adel und die wohlhabenden Kreise – Rauchen war eben „der letzte Schrei", und wer wollte da schon abseitsstehen.

Doch schnell breitete sich der Tabakkonsum in allen Schichten aus und zugleich verstärkte sich der Widerstand gegen diese Droge. König Jakob I. von England (1603−1625), der Sohn der Maria Stuart, führte in seinem Kampf gegen Tabak eine Kampagne sondergleichen. Er bezeichnete das Tabakrauchen als einen „Brauch, der den Augen verhaßt, der Nase unangenehm, dem Gehirn schädlich und der Lunge gefährlich sei". Er sah es kommen, daß die Sitte des Tabakrauchens bald auch von „niederen, nichtsnutzi-

Tabakwerbung in den Zwanziger und Dreißiger Jahren. In unserer Zeit hat die Werbung für das Rauchen ein anderes Gesicht. Mit ihr werden wir ständig konfrontiert: mit Inseraten in der Presse oder mit schreienden Bildern auf Plakatwänden und mit immer neuen Werbespots zum Thema „Freude am Rauchen". Braungebrannte Männer und ranke Mädchen mit viel Sex-Appeal und tolle Cowboys versprechen „Genuß im Stil der Zeit", Freiheit und Abenteuer.

gen Personen" aufgegriffen werde, die ihre Zeit alsdann in Müßigkeit verbrächten und zum Schaden ihrer Familie und des Landes ihren Lohn dafür verwendeten; ganz zu schweigen, daß das Rauchen „Unwohlsein" hervorrufe und „zur Arbeit unfähig" mache. Das lesen wir in der königlichen Streitschrift *The Counterblast to Tobacco* aus dem Jahre 1604.

Auch in anderen Ländern bekämpfte man „die schwarzen, stinkenden Rauchschwaden, die dem schrecklichen Qualm des Styx am nächsten kommen". So verbot zum Beispiel 1634 Zar Michael Federowitsch dem Volke einfach das Rauchen; wer sich trotzdem dem Tabakgenuß hingab, wurde hart bestraft – mit Nasenaufschlitzen und Auspeitschen. Um diese Zeit war in China der Verkauf von Tabak mit der Todesstrafe durch Enthaupten bedroht. Noch 1691 stand im Lüneburgischen auf dem „liederlichen Werk des Tabaktrinkens" gleichfalls die Todesstrafe.

Nichts half, weder Drohungen noch Verbote, weder Geldbußen noch Folter, Gefängnis oder Todesstrafe. Fruchtlos blieben alle Warnungen von Ärzten und Gelehrten, sowohl die der Medizinischen Fakultät in den Niederlanden im Jahre 1590 – „weil die Gehirne dadurch schwarz werden" – als auch in der Gegenwart der *Terry-Report* von 1964, nach dessen Bekanntwerden etwa 10 Prozent der Raucher von der Zigarette auf Pfeife oder Zigarre „umgestiegen" sein sollen. Oder die 1979 in den USA erarbeitete *Hammond-Studie,* bei der 1 Million Raucher und Nichtraucher über 20 Jahre hinweg beobachtet wurden. Ergebnis: Die Raucher sterben im Durchschnitt acht Jahre früher. Mittlerweile ist gerade der Zigarettenkonsum wieder ge-

stiegen. Es war bereits in den dreißiger Jahren in Deutschland von 30 auf 70 Milliarden angewachsen und hatte 1942 die Kriegsspitze mit 80 Milliarden erreicht – sehr zum Unwillen Hitlers. Damals hieß es immer: „Die deutsche Frau raucht nicht" – und heute? Während viele Männer sich in den letzten Jahren das Rauchen abgewöhnt haben, stieg der Anteil der rauchenden Frauen seit 1960 auf über 36 Prozent!

Der Rauch-, Kau- oder Schnupftabak wird heute vornehmlich aus der *Nicotiana tabacum* gewonnen, einem hochwüchsigen Nachtschattengewächs mit mächtigen Blättern, weißen bis violetten Trichterblüten und großen Samenkapseln. Die Hauptanbaugebiete liegen heute in den USA, in China, Indien, der Sowjetunion und Brasilien. Die gedrungenere *Nicotiana rustica,* der „Bauerntabak", stammt ursprünglich aus Mexiko und wird im großen hauptsächlich in der Türkei angebaut.

Im Tabakrauch konnten in den letzten Jahren mehrere Hundert Substanzen nachgewiesen werden. Das wirksame Hauptalkaloid ist das Nerven- und Gefäßgift Nikotin, das in den Blättern bis zu 10 Prozent akkumuliert und von einer Reihe strukturell ähnlicher Nebenalkaloide begleitet ist. Nikotin ist ein hochgradiges Gift. Es dürfte nicht bekannt oder in Vergessenheit geraten sein, daß Tabakextrakte und Nikotinlösungen – neben Arsen und gelbem Phosphor – früher die wirksamsten, noch zu Anfang dieses Jahrhunderts benutzten Schädlingsbekämpfungsmittel, gegen Ratten beispielsweise, gewesen sind. Über die Zentren des „verlängerten Rückenmarks" hat intravenös oder intratracheal verabreichtes Nikotin hemmende und erregende Wirkungen auf die Atmung; es bewirkt Verlangsamung und Beschleunigung des Herzschlages, Blutdrucksteigerung, löst Übelkeit und Erbrechen aus.

Wieviel Nikotin in den Rauch gelangt, hängt in weitgehendem Maße von den Rauchgewohnheiten (Zigaretten mit und ohne Filter, Zigarren, Pfeife) und der Rauchtechnik, dem Inhalieren, ab. Das inhalierte Nikotin gelangt sofort ins Blut und erreicht nach nicht einmal acht Sekunden das Gehirn. Beim inhalierenden Zigarettenrauchen produziert daher jeder einzelne Zug eine pharmakologische Wirkung nicht anders als eine intravenöse Nikotin-Injektion. Diese rasch einsetzende Wirkung ist der Effekt, nach dem der Raucher „süchtig" ist. Durch das Inhalieren gelangt nicht nur mehr Nikotin ins Blut, sondern auch das im Rauch enthaltene Kohlenmonoxid. Mit dem Rauch werden überdies auch krebserregende „Teerstoffe" in die Lunge befördert und gleichermaßen vom Blutstrom aufgenommen. In der Tat sind die meisten der mit dem Rauchen verbundenen Krankheiten (Lungenkrebs, Kehlkopfkrebs, Herz- und Kreislauferkrankungen, Magenleiden usw.) gerade bei Zigarettenrauchern wesentlich häufiger als bei Zigarren- und Pfeifenrauchern.

Für Karzinomerkrankungen in der „Rauchstraße" (Lippen, Zunge, Kehlkopf, Bronchien, Lunge) müssen neben den Teerstoffen noch andere hochgiftige Bestandteile verantwortlich gemacht werden, so das Polonium. Dieses radioaktive Metall mit seinen Verbindungen wird bei den relativ hohen Temperaturen in der Glühzone des brennenden Tabaks – etwa 900° C! – flüchtig und zusammen mit den anderen Verbrennungsstoffen eingeatmet; kein Filter fängt es mit

Sicherheit ab. Es liegt nahe, daß das Polonium an der krebsauslösenden Wirkung des Tabakteers entscheidend beteiligt ist.

Ist das „Leichtrauchen" gesünder?
Neue Forschungen haben gezeigt, daß leichte und „superleichte" Zigaretten kaum weniger gesundheitsschädlich sind als die schweren „Rachenputzer". Nach dem Wechsel zur „Leichten" verändern erfahrungsgemäß die allermeisten Raucher ihre Rauchgewohnheiten. Durch häufigeres Ziehen an der Zigarette und tieferes Inhalieren versuchen die Umsteiger „instinktiv" ihren Nikotinspiegel im Blut auf gewohnter Höhe zu halten.

Der Kampf gegen das extensive Rauchen erweist sich nach wie vor als weitgehend wert- und erfolglos. Warum? Tatsache ist zunächst: negative Fremderfahrungen machen in der Regel kaum einen Eindruck. In gewisser Hinsicht gibt die Motivanalyse des Rauchers eine Antwort. Viele rauchen, weil es „einfach Spaß macht" – bei solchem gelegentlichen Genußrauchen ist der Grad der Abhängigkeit nicht eben hoch. Anders der Gewohnheitsraucher, er greift regelmäßig zu bestimmten Zeiten und bei bestimmten Tätigkeiten zur Zigarette. Bei derart beinahe mechanischem Rauchen kommt es zwangsläufig zu einem hohen Zigarettenkonsum. Und dann gibt es den Entlastungsraucher. Er raucht, um Langeweile oder eine augenblickliche (bewußte oder unbewußte) Krisensituation zu überwinden; er raucht, um „wieder ruhiger" zu werden.

Genau das spricht eine clevere Werbung an: Ehe du aus der Haut fährst, „greife lieber zur . . ." Hinzu kommt, und das gilt ebenso für Gewohnheits- wie für Gelegenheitsraucher, daß das Rauchen gewissermaßen einen rituel-

Der Schnupfer. Altenglische Darstellung. Im 18. Jahrhundert wird das Schnupfen zu einem Phänomen im gesellschaftlichen Umgang: Man stellt sich selbst dar, inszeniert sich. Es ist unheimlich wichtig, richtig zu schnupfen und vor allem die Tabaksdose, die Tabatiere, richtig anzubieten – da gab es feste Regeln, eine Art Knigge. In der Vorstellung dieser Zeit stellt die Nase einen „unmittelbaren Zugang zum Gehirn" dar wie kein anderes Organ, sie wird zum „Organ der Vernunft" und ihr Gebrauch erfordert „die allergrößte Aufmerksamkeit in der medizinischen Praxis".

len Charakter bekommen hat. Doch heute, da Fit-Sein groß geschrieben wird, scheint die Zigarette immer weniger als „Statussymbol" zu gelten, als Ausweis von gelassener Überlegenheit und durch nichts zu erschütternder Selbstsicherheit. Der Raucher gilt in unseren Tagen nicht mehr als der für alles Moderne aufgeschlossene „Mann von Welt", sondern vielleicht schon als ein auf Ersatzbefriedigung angewiesener Schwächling.

In der aufwendigen und raffinierten Zigarettenreklame werden Werbespots benutzt, die vom „Genuß im Stil der neuen Zeit" sprechen oder eine besondere Marke derart hochjubeln, daß man für sie jederzeit „meilenweit" geht, denn „der Weg lohnt sich". Wer aber durch das Rauchen „Zug um Zug" seine Gesundheit verloren hat, wird kaum den von der Werbung verheißenen Genuß „von Freiheit und Abenteuer" haben. Gesund sind lediglich die Zigarettenindustrie, deren Umsatz 1981 auf über 19 Milliarden DM stieg, und natürlich die Tabakwarenwerbung, für die im gleichen Zeitraum über 200 Millionen DM ausgegeben wurden.

Besorgniserregend ist die Zunahme der jugendlichen Raucher. Untersuchungen zeigen, daß bei uns nahezu 30 Prozent der rauchenden 12- bis 17-jährigen dies bereits regelmäßig tun. Gerade in den Jahren der Pubertät wird das Rauchen zum „Imponiergehabe" und in kritischen Situationen als Hilfsmittel zur „Bewältigung" von Schwierigkeiten benutzt. Rauchen wird von den Jugendlichen mit Erwachsensein, Stärke, Männlichkeit, Überlegenheit, Selbständigkeit assoziiert – Rauchen ist ein Initiationsritual. Die Liberalisierung, wenn man will, Enttabuisierung des Rauchens hat sich

eindeutig als Bumerang erwiesen. Wie könnte auch eine Gesellschaft erzieherisch und überzeugend wirken, die wie bei uns in der Bundesrepublik allein 1981 130 Milliarden „Glimmstengel" rauchte, 2½ Milliarden mehr als im Jahr zuvor – welch großartige, nie versiegende Steuerquelle! Für die Gesellschaft gehört der „Duft der großen weiten Welt" genauso wie Alkohol und Koffein zum Alltag. Dabei gehen auf das Konto der „vielgeliebten Zigarette" hierzulande jedes Jahr 50 000 vorzeitig verstorbene Raucher; die doppelte Anzahl erkrankt jährlich an Leiden, die durch Rauchen verursacht oder begünstigt werden. In unseren Kliniken werden jährlich 10 000 Raucherbeine amputiert, bei denen es durch Nikotineinwirkung zu Verengungen und Verschlüssen der Beinarterien kam, 10 000 Beine, die buchstäblich am lebendigen Körper zu verfaulen begannen und deshalb abgenommen werden mußten. Rauchen ist Vergiftung auf Raten – „Genuß ohne Reue" . . .?

Ein Tabakvergnügen „ohne Reue", jedenfalls gesundheitsschonender als das Rauchen, stellt das Schnupfen dar. Dereinst als Laster betrachtet und sogar mit dem Kirchenbann belegt, ist es heute wieder im Kommen, und das in aller Welt. Die sicher weitaus größte Schnupfergemeinde sitzt in den USA, dort landen jährlich über 15 000 Tonnen Schnupftabak in den Nasen – eine Menge, die überdies ständig zunimmt, denn nicht wenige Ex-Raucher steigen auf diesen weitaus harmloseren Tabakgenuß um. Schnupftabak enthält nur 0,5–1 Prozent Nikotin. Weltweit gibt es Hunderte von Schnupftabaksorten: zum Beispiel den guten alten, besonders in Bayern bevorzugten „Schmalzler" – früher mit Schmalz, heute mit Öl hergestellt –, den grob gemahlenen, stark parfümierten „Kopenhagener", den „Kownoer" und „Danziger", hergestellt aus grünen Tabaken, und viele andere.

Im 17. bis 19. Jahrhundert schnupfte alles, was Rang und Namen hatte; es gehörte ganz einfach zum guten Ton, eine Prise anzubieten, so wie man heute eine Zigarette anbietet. So gehörte demzufolge die Tabaksdose, die „Tabatiére", zur persönlichen Ausstattung vieler Menschen, gearbeitet in Gold, Silber, Porzellan, verziert mit Edelsteinen und schmückendem Beiwerk. Der wohl größte Schnupfer aller Zeiten war Friedrich der Große, er besaß über tausend Tabaksdosen im Wert von 1,7 Millionen Talern; seine königliche Meinung: Schnupfen sei „gut vor den Schlagfluß und gut fürs Gedächtnis". Berühmte Schnupfer waren die Pompadour, Ludwig XV., Napoleon, Kant, Schiller und Bismarck; von Goethe ist bekannt, daß er ein echter Schnupfgegner war.

Die an- und aufregenden Koffeine

Zu den Genußmitteln, die verbrauchte Körperenergie zwar nicht zu ersetzen vermögen, wohl aber Müdigkeit und geistige Trägheit verscheuchen, und die heute beinahe so unentbehrlich wie die tägliche Nahrung geworden zu sein scheinen, gehört das Koffein. Gerade diese Anregungsdroge hat der Mensch in der ihn umgebenden Pflanzenwelt herauszufinden verstanden: Der Araber in der Kaffeebohne, der Chinese im Teeblatt, der Westafrikaner in der Kolanuß, der Äthiopier in den Katblättern, die Eingeborenen Südamerikas in den Mate-Blättern und den Samen der Guaraná-Liane und die mittelamerikanischen Indios in der Kakaobohne.

Der Wirkstoff Koffein ist ein Alkaloid und kommt in allen Teilen der Kaffeepflanze *Coffea* vor, die zur Familie der Rötegewächse *(Rubiaceae)* gehört. Heute liefert die in den Gebirgswäldern Abessiniens heimische *Coffea arabica* den größten Anteil des Weltbedarfs, wird aber auch in der Neuen Welt angebaut, in erster Linie in Brasilien und Kolumbien.

Die stimulierende Wirkung, der Duft und das Aroma des Kaffees entwickeln sich erst durch das Rösten der grünen Kaffeebohnen, die zwischen 1 und 2 Prozent Koffein enthalten. Eine Tasse starken Kaffees enthält etwa 0,1 Gramm Koffein. Ein oder zwei Tassen Kaffee reichen aus, Herz und Kreislauf anzuregen, aber auch die allgemeine Durchblutung. Unter dem wohltuenden Einfluß des Koffeins wird das subjektive Erleben anschaulicher, die Phantasie gestaltungsreicher, der „Blick für die Dinge" prägnanter. Bei übertriebenem Kaffeegenuß kann es sehr wohl zu Koffein-Vergiftungserscheinungen kommen. Die bereits angeregte Stimmung geht dann rasch in Aufregung, Schwatzhaftigkeit und Gedankenflucht über. Dazu treten Reizbarkeit, Herzjagen, Atemnot, Übelkeit, Appetitschwund und Schlaflosigkeit. Niemand sollte daran zweifeln: Kaffee ist eben doch ein echtes Gift! 10 Gramm reines Koffein sind für einen erwachsenen Menschen absolut tödlich. Fälle von Kaffeesucht, von echtem Koffeinismus, sind sicher sehr selten. Man beurteilt einen regelmäßigen Koffeinverbrauch von täglich über 600 Milligramm, was etwa acht Tassen Kaffee entspricht, schon als kritisch.

Coffea arabica, der
Kaffeebaum. Die Frucht, die
Kaffeekirsche, ist anfangs rot, in
voller Reife aber violett; in ihr
liegen zwei Kaffeebohnen.

Danach hatten die Türken in Aleppo ein „gut getränk", das sie außerordentlich schätzten und *chaube* nannten. Es ist, wie wir aus dem Reisebericht erfahren, „schwarz wie Tinte" und eine recht dienliche Medizin für alle Gebrechen, „sonderlich des Magens". Man pflegt es in aller Öffentlichkeit und „ohne Abscheu" zu trinken, und zwar aus tiefen „irdenen und porzellanischen Schälchen", so warm, wie man es nur leiden kann.

In seiner Geschichte ist es dem Kaffee zunächst nicht besser ergangen als jeder anderen Droge. In den islamischen Ländern Arabiens und in der Türkei hat man Kaffeetrinker oft genug mißhandelt. Geht man diesem Umstand auf den Grund, dann zeigt es sich, daß der Widerstand gegen dieses Getränk zunächst und vor allem ein Angriff gegen die Kaffeestuben darstellte, die in früherer Zeit als Spielhöllen und Zentren freien Denkens

Wegwarte (*Cichorium intybus*). In der als *Radix Cichorii* als Kaffeezusatz bzw. -ersatz verwendeten Wurzel findet sich der Bitterstoff Intybin.

und politischer Verschwörungen verschrieen waren. Immer hieß es: die Kaffeetrinker sind nur Revolutionäre, die Aufruhr und Aufstand planen. So wurden 1524 in Mekka nach Unruhen die Kaffeestuben kurzerhand geschlossen.

Trotz ungezählter Verbote war der Siegeszug der gebrannten Bohnen durch die Welt nicht aufzuhalten. 1554 hatte Konstantinopel seine ersten Kaffeestuben, 100 Jahre später entstand in Venedig, dem Zentrum des Orienthandels, das erste Kaffeehaus auf europäischem Boden. 1683 folgte Wien, das fortan in der Entwicklung der Kaffeehauskultur eine führende Rolle einnehmen sollte. In den Jahren 1686/87 entstanden in Deutschland die ersten Kaffee-Gaststätten in Nürnberg, Regensburg und Frankfurt. In Preußen ging Friedrich der Große in einer Sonderverordnung vom August 1779 mit aller Strenge gegen die „Kaffeeriecher" vor. Dennoch konnte er nicht verhindern, daß in Berlin die Kaffeestuben immer beliebter wurden. Gerade in den Hauptstädten entwickelten sich die Kaffeehäuser zu bevorzugten Treffpunkten für Politiker, Literaten, Künstler und Journalisten, um in diesem Freiraum innerhalb der alles einengenden Gesellschaft lange Stunden im Gespräch zu verbringen. Freilich: Das Kaffeehaus alten Stils ist weitgehend tot. Sein Charme hat keinen Raum mehr in lauten Espressos und Snackbars, jenen Orten der Anonymität, des ständigen Aufbruchs und eiligen Konsums.

War der Kaffee anfänglich noch ein beinahe unerschwinglicher Luxus, so wurde er im Laufe des 19. Jahrhunderts zum verbreiteten Morgengetränk, das den Hirsebrei und die Morgensuppe verdrängte. Mit der Ausbreitung des Kaffeegenusses wuchs zwangsläufig auch das Interesse an seinen medizinischen Eigenschaften. In den zahlreichen Schriften des 17. und 18. Jahrhunderts wird der Kaffee als Allheilmittel gerühmt, dessen Indikationen von Husten und Rheuma bis zu Hysterie und Trunksucht reichten. Nun gab es allerdings nicht wenige Ärzte, die vor Kaffeegenuß nicht eindringlich genug warnen zu müssen glaubten und ihn geradezu als „Pest des Körpers und des Geldbeutels" verdonnerten. Andere Mediziner wieder schimpften auf die Kaffeekanne, nannten sie die „Büchse der Pandora", die nur Übles ausspeie, die Manneskraft schwäche und jeden Arbeitswillen zunichte mache. Ein großer Kaffeegegner war Samuel Hahnemann (1755–1843), der Begründer der Homöopathie. Auch Regierungen versuchten immer wieder mit allerlei Repressalien, durch hohe Abgaben und Verbot des Röstens den Kaffeeverbrauch einzuschränken.

Notgedrungen mußte man nach Surrogaten suchen. Schon vor 300 Jahren kam man auf die Wilde Wegwarte (*Cichorium intybus*), deren geröstete und im Mörser zerstoßene Wurzeln das allgemein bekannte braune Zichorienpulver lieferten. 1771 kam dieser Ersatzkaffee als sogenannter „preußischer Kaffee" in den Handel. Um diese Zeit begann man auch geröstetes Getreide als Kaffee-Ersatz zu benutzen, der dann 100 Jahre später in der speziellen Zubereitung des Pfarrers Kneipp als „Kathreiners Malzkaffee" sehr populär wurde.

Mit dem Vormarsch des Kaffees hält seit über 100 Jahren der Kaffee-Rost Schritt, jener Pilz, der 1870 die Plantagen auf Ceylon und in Indien vernichtete – was die Ursache gewesen sein soll, daß England zu einer Nation von Teetrinkern wurde. Acht Jahre später erreichte er Südafrika und war 1953 in ganz Afrika verbreitet. Heute bedroht dieser gefährliche Rostpilz *Hemileia vastatrix,* der zwischen die Blattzellen eindringt, orangegelbe Flecken verursacht und zu vollständiger Entblätterung führt, die kaffeeproduzierenden Länder Süd- und Mittelamerikas. Es muß gelingen, resistente Kaffeearten zu züchten, erst dann ist die Gefahr, die dem Kaffee durch den Pilz droht, gebannt, was allerdings von heute auf morgen nicht möglich sein wird.

Auf der Welt sind keineswegs die Kaffeetrinker, sondern die Teetrinker in der Überzahl; Tee ist nämlich nach Wasser das Getränk Nummer eins. Am meisten Tee wird in der Dritten Welt getrunken, aus der er schließlich auch herkommt. Schon wenigstens 1 000 Jahre vor der Einführung durch die Holländer nach Europa (1610) wurde Tee in China angebaut und als Getränk genossen. Der erste uns überlieferte Bericht über Tee stammt von Giambattista Ramusio aus dem Jahre 1559. Danach wurde Tee im Gebiet der heutigen chinesischen Provinz Szetschuan verwendet, und zwar in erster Linie als Arzneipflanze zur Linderung von Fieber, Kopf- und Magenschmerzen. Immerhin dauerte es bis Ende des 17. Jahrhunderts, ehe das Teetrinken – anfänglich ein kostspieliges Vergnügen – seinen festen Platz im täglichen Leben auch der einfachen Leute gefunden hatte. Freilich gab es immer wieder solche, die gegen das neumodische „Gesöff" vom Leder zogen, das nur der Gesundheit schade, den Fleiß untergrabe und das Land verarmen lasse.

Die Geschichte des Tees ist vor allem mit dem Fernen Osten verbunden. In Ostasien erkannte man frühzeitig den Wert des Tees, insofern er die Müdigkeit vertreibt, den Geist wachhält und den Kopf klar werden läßt. Darüber hinaus paßte Teetrinken bestens zur Idee und zu den Ritualen des Zen-Buddhismus, mit dem es vom Ursprung her auch tatsächlich untrennbar verbunden ist. Schließlich soll der Tee im 9. Jahrhundert durch buddhistische Mönche nach Japan gebracht worden sein.

Bei Sen-Sotan heißt es: „Der wahre Sinn der Teelehre ist der wahre Sinn der Zen-Lehre . . . Wer den Geschmack am Zen nicht kennt, der kennt auch nicht den Geschmack am Tee". Mit poetischer Euphorie preist der chinesische Dichter Lo-Tung die Wirkung des Tees: „Die erste Tasse netzt mir Lippen und Kehle. Die zweite verscheucht meine Einsamkeit, die dritte durchdringt mein unfruchtbares Inneres. Die vierte Tasse erregt einen leichten Schweiß – alles Schlechte des Lebens schwindet durch meine Poren. Bei der fünften Tasse bin ich geläutert, die sechste ruft mich in das Reich des Unvergänglichen. Die siebte Tasse – aber ich kann nicht mehr weitertrinken. Ich fühle nur den kühlen Windhauch, der sich in meinen Ärmeln fängt . . ."

Zubereitung und Genuß des Tees werden in der japanischen Teezeremonie *(cha-no-yu)* zu einem echten Kult, zu einer wahren Kunstform. *Cha-no-yu* hat Dichtung, Malerei und Keramik ebenso bereichert wie die Architektur, die Gartenkunst; ja selbst die sozialen Umgangsformen blieben nicht unbeeinflußt. In der Tee-Zeremonie, deren Ausübung ursprünglich den Zen-Klöstern und später der Adelsklasse vorbehalten war, gibt es keine sozialen Schranken. Ob einfacher Arbeiter

Bodhidharma, der Schutzpatron des Teestrauchs. Von ihm heißt es, er habe das buddhistische Wissen um den „Weg zur vollkommenen Selbstverwirklichung" von Indien nach China gebracht genauso wie die Teepflanze.

oder Topmanager, jeder hält seine Teepause. Selbst der hartgesottenste japanische Geschäftsmann wird für sich und seine Gäste nicht auf die tägliche Teestunde verzichten, die, mag sie in der Gegenwart auch ihres ursprünglichen streng rituellen Charakters entkleidet sein, dennoch zu einer Stunde echter Entspannung und Inspiration wird. Für den großen Verfechter der Teezeremonie, den Schriftsteller Kakazu Okakura, ist Tee ein unvergleichliches Getränk: „Tee kennt weder den Hochmut des Weines, das Selbstbewußtsein des Kaffees noch die Einfalt des Kakaos".

Von den Teestrauchgewächsen ist *Camellia sinensis* ihr wichtigster Vertreter – ein naher Verwandter der bei uns als Zimmerpflanze gezogenen Kamelie *Camellia japonica*. Von Tee gibt es heute zahlreiche Spielarten, die durch Züchtung entstanden sind. Ähnlich wie beim Wein unterscheidet man auch beim Tee verschiedene Sorten nach ihrem Herkunftsland. Ein vollmundiger Hochlandtee mit ausgeprägt zartem Aroma ist der Darjeeling von den Südhängen des Himalaja. Der Assam-Tee aus der nordindischen Provinz Assam, dem größten zusammenhängen Tee-Anbaugebiet der Erde, ist besonders schwer, kräftig und vollwürzig. Rassig und herb ist der Ceylon-Tee. Aus Taiwan, Japan und China kommt der grüne Tee; bei ihm werden die Fermente der frisch geernteten Blätter sofort nach dem Pflücken zerstört. Erst bei der Fermentation erhält der bekannte schwarze Tee sein charakteristisches Aroma.

Die Wirkung von Tee ist milder und anhaltender, weil eine rasche Aufnahme des Koffeins durch den hohen Gerbstoffgehalt (bis zu 25 Prozent) verhindert wird. Dabei enthalten getrocknete Teeblätter – neben 18 Prozent Tannin – zwischen 2 und 5 Prozent Koffein, also wesentlich mehr als die grünen Kaffeebohnen.

Während der Kaffee die Darmbewegung anregt, wirkt der Tee eher stopfend. Kaffee und Tee verscheuchen, wie allgemein bekannt, Müdigkeit, regen geistige Tätigkeit an und heben die Stimmung. Wer allerdings den Teegenuß übertreibt, hat mit den gleichen Koffeinschäden zu rechnen wie beim Kaffeemißbrauch, in erster Linie mit Schlaflosigkeit, Erregungszuständen und Herzstörungen.

Was für uns Kaffee und Tee, ist für Millionen Südamerikaner Mate, nämlich ein Nationalgetränk. Gewonnen wird Mate von der Stechpalme *Ilex paraguariensis*, deren Heimat in der Gegend des mittleren Paraná-Flusses liegt. Hier legten die Jesuiten Mate-Kulturen großen Stils im 17. Jahrhundert an – daher auch die Bezeichnung Jesuiten- oder Missionarstee für die Droge. Zur Zeit der Ernte werden mit großen Haumessern die Zweigspitzen samt den Blättern abgeschlagen, nach dem Trocknen wird die Droge zerkleinert. Zur Teebereitung überbrüht man die Blätter in einem hohlen Flaschenkürbis, der *maté* genannt wird; diese aus der Inkasprache stammende Bezeichnung für Kürbis ist später auf den Tee übergegangen. Man schlürft das Getränk durch ein siebartig durchbrochenes Röhrchen, die sogenannte *bombilla*. Die Droge – ihr Name *yerba maté* – enthält etwa 1 Prozent Koffein, von dem etwa die Hälfte an Gerbstoff gebunden ist, sowie geringe Mengen von Aromastoffen. Mate ist ein echter „Gesundheitstee", ihm rühmt man viele gute Wirkungen nach, die sich besonders günstig auf den allgemeinen Stoffwechsel auswirken. Fortgesetzter

Bombilla-Saugrohr und Kalebasse für den Mate-Tee. Schon die vorgeschichtlichen Peruaner liebten den Mate und gaben ihren Toten als Speise im Geisterreich Mateblätter mit, die sich häufig in den Gräbern des Totenfeldes von Ancon in Peru als Grabbeigabe vorfinden.

unmäßiger Genuß jedoch führt zu Magenreizung, Durchfällen und zu Nervenzerrüttung.

Einen etwa gleichhohen Koffeingehalt wie Mate, aber mehr als Kaffee, haben die Samen der Kolabäume *(Cola-*Arten), die im westafrikanischen Regenwald zu Hause sind und wie die Kakaobäume Stammblütigkeit (Kauliflorie) zeigen. Angebaut werden sie aber auch auf den Westindischen Inseln, in Südamerika, Indien und Ostasien. Bei der Droge handelt es sich nicht um die ganzen Samen, sondern lediglich um die Samenkerne. Für die

Eingeborenen ist die Kolanuß, die sie in frischem Zustand kauen, ein hungerstillendes und anregendes Genußmittel, welches Frische und Hochstimmung erzeugt und Belastungen, gleich welcher Art, leichter ertragen hilft. Kola enthält eine Menge Koffein (bis 2,5 Prozent), das auf das zentrale Nervensystem einwirkt, etwas Theobromin als Agens für die Muskulatur, ferner das herzwirksame Colatin und Energie liefernde Glukose.

Seit alters gilt die Kolanuß auch als eine Zauberfrucht; ihre Samen nehmen bei westafrikanischen Stämmen

Teestrauch (*Camellia sinensis var. assamica*). In der Wildform ist die Stammpflanze großwüchsig, im Anbau wird die Teepflanze durch das dauernde Beschneiden niedrig gehalten.

innerhalb traditionsgebundener Praktiken einen besonderen Platz ein, so etwa als Münzen zur Zahlung des Brautpreises, als Amulett zur Zauberabwehr oder als Grabbeigaben. Ihres hohen Koffeingehaltes wegen werden die trocken exportierten Kolasamen als Anregungsmittel verwendet. Ob als Tablette oder abgefüllt in die weltweite bekannte „rote Flasche" – immer behält die aktivitätsteigernde Kola-Droge ihre Werbewirksamkeit: „für Leute von heute", die immer frisch und fit bleiben möchten.

Koffein kommt auch in den Blättern des Kakaobaumes *(Theobroma cacao)*

vor. Er stammt ursprünglich aus Mittel- und Südamerika, wird heute aber in allen tropischen Gebieten angebaut, reiche Niederschläge und nahrhafter Boden vorausgesetzt. Dieser Baum spendet drei verschiedene Produkte: die Samen, die durch die Fermentation erst das feine Aroma bekommen; Kakaobutter, das aus den Samen extrahierte Fett, und die fettfreie Kakaomasse. Diese *Massa cacaotina* enthält bis 2 Prozent Theobromin, aber nicht mehr als ungefähr 0,3 Prozent Koffein. Trotz dieses geringen Koffeingehaltes stehen die anregenden Eigenschaften auf den gesamten Organismus fest, wenn sie auch nicht so offen in Erscheinung treten wie bei Kaffee und Tee.

Bereits die Azteken bereiteten aus den gerösteten und gemahlenen Kakaosamen, die sie mit Wasser, Maismehl und oft auch mit Honig und Vanille mischten, ein Getränk namens *chocolatl*. Was wir Schokolade nennen, ist ein Produkt aus Kakaomasse und Zucker, häufig mit Zusatz von Kakaobutter und Gewürzen, Milchbestandteilen, Nüssen u. a. m. Nachdem die Spanier den Kakao im 16. Jahrhundert nach Europa gebracht hatten, war er bald als Heil- und Beruhigungsmittel, als Stimulans und Aphrodisiakum bekannt. Kein Geringerer als der geistreiche Gourmet Brillat-Savarin nannte den Kakao eines der wirkungsvollsten Stärkungsmittel. In Europa blieb das Kakaogetränk lange Zeit ein Vorrecht der Wohlhabenden. Von Maria Theresia, der Mutter Ludwigs XIV., ist bekannt, daß sie kakaosüchtig war; immer hielt sie sich insgeheim eine „stille Reserve".

Den weitaus größten Koffeingehalt, nämlich zwischen 4 und 8 Prozent, weisen die haselnußgroßen, meist einsamigen Kapselfrüchte von *Paullinia cupana* auf. Es ist dies ein im Gebiet des Amazonas beheimateter Kletterstrauch, der von den Eingeborenen, wie bei uns Hopfen oder Weinrebe, an Stützen kultiviert wird. Die Samen werden in großen Holzmörsern zerstoßen, mit Wasser zu einem Brei verrieben, zu Laiben, Kugeln oder in Wurstgestalt geformt, getrocknet und geröstet. Das Endprodukt ist die Guaraná-Paste, aus der ein anregendes Getränk hergestellt und von den Einheimischen gegen Müdigkeit und Hunger eingenommen wird. Im Übermaß genossen, führt diese Stimulansdroge zu Schlaflosigkeit, Nervosität und sexueller Übererregbarkeit. Früher diente die *pasta guaraná* ihres hohen Gerbstoffgehaltes wegen als Medizin bei schweren Durchfällen und gegen Nervenschmerzen.

Man hat errechnet, daß die Koffeinmenge, welche die Menschen in aller Welt in Form von Kaffee, Tee, Mate, Guaraná und Kola pro Jahr zu sich nehmen, nahezu 80 000 Tonnen beträgt – und das alles zur Stabilisierung oder Verbesserung des Wohlbefindens.

Wohlbehagen durch Kat und Betel

Der Koran verbietet ausdrücklich den Alkoholgenuß, aber er erlaubt den Gläubigen die Verwendung von Pflanzen, „die angenehme Gefühle erwekken". Dazu gehört seit vielen Jahrhunderten *Catha edulis,* der in den ostafrikanischen Hochtälern heimische Katstrauch – ein Spindelgewächs und botanisch verwandt mit unserem Pfaffenhütchen *(Euonymus europaea),* dessen Samen bekanntlich auch hochgiftig sind.

Lange, bevor man den Kaffee verwendete, war Kat, dem man koffeinähnliche Wirkungen nachrühmt, bekannt und geschätzt. Die Blätter werden gekaut oder aus ihnen wird ein Tee bereitet. Kat ist ein starkes Stimulans, das munter, heiter und gesprächig macht, jedes Schlafbedürfnis schwinden läßt, die Leistungsfähigkeit ähnlich wie der Kokagenuß vorübergehend erhöht und das Hungergefühl unterdrückt. Der weitverbreitete Kat-Mißbrauch führt zu einer durch Appetitverlust verursachten allgemeinen Körperschwäche, zu Schlaflosigkeit, erhöhter Reizbarkeit, zu Kreislaufstö-

Die Früchte des Kakaobaumes (*Theobroma cacao*) haben eine dicke Schale; in ihrem Inneren liegen in fünf Reihen je etwa zehn braune, bohnengroße Samen in einem säuerlich schmeckenden Fruchtmus (Pulpa).

Junger Singhalese auf Ceylon mit Fruchtbündeln von Arekanüssen und Kakaofrüchten.

rungen, Herzjagen (Tachykardie), Magenreizung und Potenzminderung. Die synthetisch hergestellte Cathin-Droge ist auch als „Appetitzügler" fragwürdiger Bestandteil von Schlankheits- und Abmagerungspräparaten. Die so hochwirksamen Kat-Alkaloide (Cathin, Cathidin, Cathinin) sind chemisch mit dem Protoalkaloid Ephedrin verwandt, dem toxischen Wirkstoff des Meerträubel *(Ephedra)*.

Die aufputschenden, zentralerregenden und appetitzügelnden Eigenschaften der Kat-Droge lassen an die in der modernen Pharmaforschung entwickelten Weckamine denken, die bekanntlich jedes Müdigkeits- und Schlafgefühl unterdrücken, Hemmungszustände überwinden helfen und schon in Mengen von wenigen Milligramm erhöhte geistige Wachheit und Agilität geben. Klingt die Wirkung ab, stellen sich Lethargie und Trübsinn ein, die die erneute Einnahme der Giftdrogen veranlassen.

Solche synthetische „Muntermacher" sind heute in der westlichen Industrie- und Leistungsgesellschaft sehr gefragt, besonders von Examenskandidaten, Fernfahrern oder Künstlern, die zu bestimmten Stunden Leistung bringen müssen. Sie stellen eine bemerkenswerte Parallelentwicklung zum schwarzen Erdteil dar, wo der Markt für die Kat-Droge sich ständig ausweitet und auf dem Luftweg täglich ein paar Tausend Kilogramm frischer Katblätter nach Aden und Dschibuti eingeflogen werden. Nach Angaben der UNO-Rauschgiftkommission in Genf wendet die Bevölkerung von Aden für den Genuß dieser Droge wenigstens 6 Millionen Dollar auf. Die Hafenarbeiter von Dschibuti geben, wie es in dem Bericht heißt, wenigstens ein Viertel ihres ohnehin kärglichen Lohnes für Kat aus, während gleichzeitig ihre Familien unterernährt sind. Es wird ernsthaft erwogen, die Droge unter Kontrolle zu stellen, um ein Übergreifen der Kat-Süchtigkeit auf Europa und Amerika zu verhindern.

Ein anderes echtes Genußgift, das den Menschen unfrei macht und ihn in ein Abhängigkeitsverhältnis bringt, ist der Betelbissen. Wie das Tabakrauchen, wie Alkohol und Kaffee wird wohl auch das seit mehr als 2000 Jahren bekannte Betelkauen unausrottbar bleiben. Ihm sind, wenig gerechnet, dreihundert bis vierhundert Millionen Menschen mit Leidenschaft ergeben. Das Verbreitungsgebiet läßt sich geographisch ziemlich genau umreißen: Indien, Südchina, Malaiische Inselwelt und das ostafrikanische Küstengebiet um Somalia.

Gegenüber den meisten anderen pflanzlichen Genußmitteln nimmt der Betel insofern eine Sonderstellung ein, als wir es nicht mit einem einheitlichen Stoff zu tun haben, vielmehr stellt er eine Mischung von drei verschiedenen Drogen dar. Es sind dies die Areka„nuß" *(Semen Arecae)* der Betelpalme *Areca catechu;* das Blatt des Betelpfeffers *(Piper betle)*, einer Liane, und ein wenig Kalkpulver. Dieser für den Geschmack und die Verträglichkeit des Betelbissens nicht unwichtige Kalk wird meist aus Korallen, Muschelschalen oder auch aus Kalkgestein gewonnen. Weitere pflanzliche Zutaten, vor allem Gambir-Saft aus den Blättern der Liana *Uncaria gambir* und Katechu-Paste aus dem Kernholz der Katechuakazie *Acacia catechu,* dienen der Geschmacksverbesserung. Wahlweise können noch Gewürznelken, Kampfer, Muskatnuß, Zimt, Anis, Ingwer und anderes mehr beigefügt werden.

Mit genießerischem, fast zeremoniellem Wohlbehagen wird dieses Reizgift zubereitet. Man nimmt zwei bis drei Blätter vom Betelpfeffer, streicht etwas Kalk auf, gibt ein kleines Stück Arekanuß und die anderen Ingredienzien hinzu und formt dann aus den Blättern einen mundgerechten Priem. Dieser Priem – Gifte und Aromastoffe in harmonischer Mischung enthaltend – wird nicht eigentlich gekaut, sondern eher ausgesogen. Dabei färbt sich der Speichel blutrot, während Zähne und Zahnfleisch einen schwarzen Überzug bekommen.

Zahlreiche Alkaloide ließen sich bis heute aus der Beteldroge rein darstellen. Neuere Untersuchungen haben gezeigt, daß das ziemlich toxische Hauptalkaloid, das Arecolin, beim Kauvorgang unter Mitwirkung des zugesetzten Kalkpulvers in Arecaidin umgewandelt wird. Erst dieses Alkaloid bringt die echte stimulierende Betelwirkung. Bei ersten Versuchen treten in der Regel leichte, einer Nikotinvergiftung ähnliche Erscheinungen auf: Schwindel, Unwohlsein, Brechreiz und kalter Schweiß. Wer aber an den Betelgenuß als seinen „täglichen Tröster" erst einmal gewöhnt ist, gelangt zu Wohlbehagen und Euphorie, fühlt sich frei von innerer Unruhe und wunderbar entspannt; hinzu kommt, daß das Betelkauen Hunger und Durst unterdrückt. An sich ist Betel ein mildes Stimulans; wenn aber ein Gewohnheitskauer täglich bis zu 12 Arekanüsse und bis zu 36 Betelblätter und mehr konsumiert, dann müssen wohl Gewöhnung und Sucht eintreten. Die Folgen stellen sich früher oder später ein: Gebißerkrankungen, Rissigwerden der Schleimhäute, ja selbst karzinomatöse Tumorbildungen im Mundbereich.

Das Betelkauen ist in allen Schichten eingebürgert. Ungezählte Menschen Süd- und Südostasiens, Männer wie Frauen, ob jung oder alt, reich oder arm, frönen gleichermaßen dem Betelgenuß. Über seinen Wert als Genußmittel hinaus hat das Betelkauen längst gesellschaftlich-soziale und zeremonielle Bedeutung erhalten. Betel steht für Gastlichkeit, Geselligkeit und Höflichkeit. Als „Geschenk der Liebenden" ist Betel aufs engste mit Sexualität und Hochzeit verbunden. Dem liegt eine verborgene Symbolik zugrunde: dem „umhüllenden" Betelblatt kommt ein weiblicher, der „umhüllten", mehr oder minder phallisch geformten Arekanuß ein männlicher Charakter zu.

Der Wertschätzung des Betels entspricht die sehr oft künstlerische Gestaltung der Betelbehälter, der Messer, Scheren und Mörser zum Zerkleinern der Nüsse und der Spatel zum Ausstreichen des Kalkes. Alle diese Gerätschaften, gefertigt aus edlem Metall, aus Holz oder Bambus und vielfältig verziert, stehen in der Regel ganz im Rahmen und in der Tradition des regionalen Kunsthandwerks. Ohne Zweifel kommt solchen Betel-Utensilien und -Garnituren ein wichtiger sozialer Prestigewert zu. Im alten Indien ließen sich Fürsten und Vornehme, wie auf zeitgenössischen Stichen zu sehen ist, das ganze Betelbesteck von einem Diener nachtragen. In einer klassischen buddhistischen Dichtung wird geschildert, wie ein wohlhabender Inder lebt: In seiner Wohnung steht neben seinem Ruhebett ein Tischchen mit angenehm duftenden Blumen und Parfüm, mit Schminke und dem Betel, den er den ganzen Tag über zu kauen pflegt (nach Glasenapp).

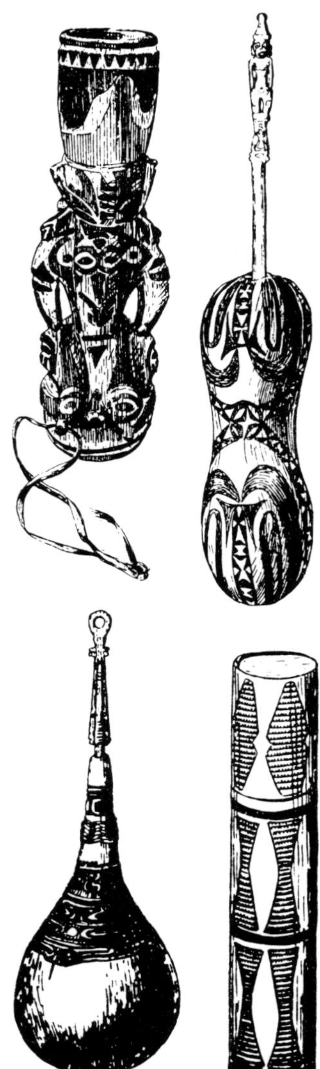

Betelbüchsen. Oben: Betelmörser, daneben Kalebasse für Kalk mit Spatel (Admiralitätsinseln). Unten: Kalebasse für Kalk mit Betelstäbchen, daneben Betelbüchse (Salomonen). Nach Buschan.

Die Heimtücke pflanzlicher Giftstoffe

Die Giftküche des Teufels

In der primitiven Anschauung aller Völker gibt es „gute" und „böse", in Ansehen stehende und unheimliche Pflanzen. Im allgemeinen verhaßte Gewächse sind natürlich die zahlreichen Unkräuter in Feld, Wald und Wiese, die, soweit sie Giftstoffe enthalten, für Tiere tödlich sein können und darum instinktiv gemieden werden. Da ist der im Frühjahr blühende Scharfe Hahnenfuß (*Ranunculus acris*) mit seinem hohen Protoanemonin-Gehalt oder die Trollblume (*Trollius europaeus*), die in allen Teilen bitter schmeckt. Bei Verfütterung frischen,

trollblumenreichen Grases kann es bei Rindern und Pferden zu Durchfällen, Koliken und schlimmen Nierenschäden kommen. Ein echtes Unkraut ist auch die Arnika (*Arnica montana*), dieses „Wohl verleihende" und in der Volksmedizin beliebte Heilkraut. Immerhin haben wir es mit einer Giftpflanze zu tun, die das Weidevieh verschmäht, der es aus dem Wege geht wie noch manchem anderen Kraut, wie Beifuß und Wegwarte oder den wilden Narzissen.

Die Vulgär- und Umgangssprache hat gerade für die Giftpflanzen vielfach recht einprägsame Benennungen gefunden, die deren ganze Gefährlich-

keit für Mensch und Tier zum Ausdruck bringen. Wenn bei alten botanischen Volksnamen so auffallend oft das Beiwort *Teufel* wiederkehrt, so zeigt dies, wie unheimlich und angstregend unseren Vorfahren manche Gewächse erschienen.

Denken wir nur an die Tollkirsche *(Atropa belladonna),* dieses „Teufelskraut", das dereinst für Mordtränke und Buhlsalben gleichermaßen gebraucht wurde. Seine so verlockend aussehenden Beerenfrüchte sind echte „Teufelskirschen", zehn bis zwanzig dieser hochalkaloidischen Belladonna-Beeren gelten im allgemeinen als tödliche Dosis für einen erwachsenen Menschen. „Beeren des Teufels" sind auch die Früchte der *Lonicera*-Arten, die glänzend scharlachroten der Gemeinen Heckenkirsche ebenso wie die blauschwarzen des Geißblattes. Der Genuß dieser Beeren kann durch einen chemisch noch nicht einwandfrei erforschten „Bitterstoff", das Xylosteïn, Erbrechen, Durchfälle und Krämpfe verursachen. Bei Kindern sind des öfteren schon Massenvergiftungen und vereinzelt Todesfälle vorgekommen.

Nicht anders ist es nach dem Genuß der Bittersüßfrüchte *(Solanum dulcamara),* deren Nachtschatten-Alkaloide auf das Rückenmark einwirken, die

Bilsenkraut (*Hyoscyamus niger*). Die Inhaltsstoffe (Hyoscyamin, Atropin, Scopolamin) rufen Erregungs- und Erschöpfungszustände hervor, die „toll, zänkisch und schlaff machen" – nachzulesen bei alten Kräuterdoktoren.

Lähmung der Atemmuskeln und damit den sicheren Tod herbeiführen. Für den Menschen ungenießbar, ja als giftig nachgewiesen sind die geradezu teuflisch wirkenden Beeren der Rainweide *Ligustrum vulgare.* Die Vergiftungen verlaufen unter dem Symptom einer schweren Magen- und Darmentzündung und führen darüber hinaus zu Krämpfen und Kreislauflähmung.

Das mit der Tollkirsche verwandte und nicht weniger giftige Bilsenkraut *(Hyoscyamus niger)* ist „dem Menschen und allem Vieh schädlich" und heißt im Volksmund „Teufelswurz"; Vergiftungen zeigen sich in starken Erregungszuständen und Sinnestäuschungen. Die Blüten dieses Nachtschattengewächses mit ihren pupillenähnlichen Flecken am Blütengrund fordern zu einem Vergleich mit einem Auge geradezu heraus; natürlich ist es ein „Teufelsauge", so nannte man das Bilsenkraut schon vor 300 Jahren.

Wenn eine Pflanze nun wirklich schön ist, aber toxische Stoffe enthält, dann mag es schon geschehen, daß ihr der Volksmund eine Verbindung mit dem Fürsten der Hölle andichtet. „Teufelsauge" für das Adonisröschen mit seinen großen, leuchtendgelben, sonnenwendigen Blüten scheint ein recht unverdienter Name zu sein, doch was hilft es: *Adonis vernalis* ist nun einmal eine giftige Herzglykosid-Pflanze, die Erbrechen, Magenschmerzen und Durchfälle verursachen kann. Vorsicht ist in jedem Falle geboten!

Nach Art einer Schlange kriechen beim Gebirgsbärlapp *(Lypcopodium annotinum)* die Haupttriebe über den Boden − der Volksmund spricht treffend von „Schlangenmoos", in Tirol und der Steiermark von „des Teufels Strumpfband". In diesem Bärlappgewächs finden sich Alkaloide (Lycopo-

din, Clavatin, Clavatoxin), welche bei Tieren Brechdurchfälle und Krämpfe hervorrufen und zum Koma führen können.

Schon in der Bibel lesen wir vom „Feind, der Unkraut zwischen den Weizen sät", und bis auf den heutigen Tag macht der Bauer seinem Ärger

Ackerwinde (*Convolvulus arvensis*), allbekannt als lästiges und gefürchtetes Unkraut.

über Unkräuter dadurch Luft, daß er sie als Werk des Teufels verflucht. Er braucht auf seinem Feld nur die lästigen Windengewächse vorzufinden, die andere Pflanzen umstricken, ihnen das Licht wegnehmen und sie zu Boden ziehen. Dabei sind die Ackerwinde *(Convolvulus arvensis)* ebenso wie die überall verbreitete Zaunwinde *(Calystegia sepium)* mit ihren großen weißen Trichterblüten obendrein noch echte Giftgewächse. In allen Organen finden sich Harzglykoside, daneben Gerbstoffe mit starker Abführwirkung. Nicht minder lästig ist die Kleeseide *Cuscuta*, die Hopfen, Weiden und Brennesseln mit einem dichten Fädenwirrwarr umspinnt und ihren Wirtspflanzen die zum Leben und Wachstum nötigen Stoffe entzieht. Im Volke heißen diese Schmarotzerwinden „Teufelsnähgarn".

Die hübsche, aber giftige Pelzanemone *(Pulsatilla vulgaris)* steiniger Hänge, die nach dem Verblühen ihren einem krausen Haarschopf gleichenden Fruchtstand zeigt, heißt recht sinnig „Teufelsbart". Dieses in der Volksmedizin als Gicht-, Rheuma-, Grippe- und Asthmamittel vielverwendete Hahnenfußgewächs hat schon manche Vergiftung verursacht: bei äußerlicher Anwendung Rötung und Hautausschläge, bei innerlicher

Aufnahme des frischen Krautes bzw. des Preßsaftes Übelkeit, Erbrechen, kolikartige Leibschmerzen, Magen- und Darmentzündung, nicht selten verbunden mit blutigen Durchfällen.

Die Pforten der Hölle öffnen sich all denen, die durch den Genuß von Fliegenpilzen, diesen „Teufelsschwämmen", in Delirium und Wahnsinn verfallen, und denen es sterbenselend wird, wenn sie rohe Satanspilze *(Boletus satanas)* verzehrt haben. Beide Pilze enthalten Muscarin, ein chemisch noch nicht vollständig erforschtes Kapillar- und Krampfgift.

Daß zum Anhang des Höllenfürsten auch Hexen und Druden gehören, ist seit eh und je die Überzeugung des Volksaberglaubens. Der mit Recht als giftig geltende Kartoffelbovist *(Sclero-derma aurantium)*, dessen Wirkstoffe gleichfalls noch nicht hinreichend ergründet sind, hat einen widerlichen Geruch an sich – „Luzifers Ei"; in manchen Gegenden sagt man zu diesem Trüffelpilz „Drudenbeutel". Wer einen solchen findet, der sollte ihn schleunigst zertreten; zugleich zertritt er die böse Drude, die nach altem Aberglauben nächtens Wöchnerinnen peinigt, die Kinder vertauscht und auf dem Hof mit dem Federvieh ihren Schabernack treibt. Schon in kleinen Mengen kann dieser Bovist Vergiftungen mit Schweißausbrüchen, Ohnmacht, Übelkeit und Erbrechen hervorrufen.

Als Teufels- und Hexengewächse gelten ferner die Wolfsmilcharten *(Euphorbiaceae)*, die einen hochgiftigen,

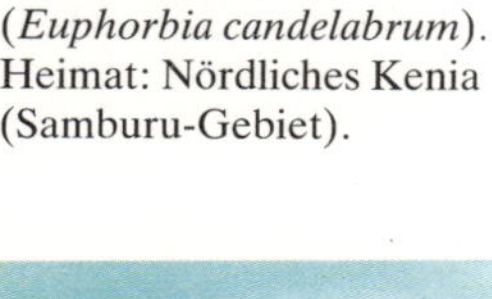

Kandelaber-Wolfsmilch (*Euphorbia candelabrum*). Heimat: Nördliches Kenia (Samburu-Gebiet).

ätzenden Milchsaft (Latex) absondern. Diese „Drudenmilch" verursacht auf der Haut lästige Entzündungen mit Blasen- und Geschwürbildung (Nekrosen), Gewebszerstörungen auf Schleimhäuten, Bindehautentzündungen, im schlimmsten Falle zur Erblindung führende Hornhauttrübung (Keratitis). In dieser Hinsicht besonders gefürchtet sind zahlreiche exotische Euphorbien, beispielsweise der Blindbaum *(Excoecaria cochinchinensis)*, dessen Heimat das tropische Asien ist. In der Tat, es sind nicht wenige Giftpflanzen, die der Volksglaube in Verbindung mit Hexen und Druden bringt. Die Herzglykoside enthaltenden *Digitalis*-(Fingerhut-)Arten sind im Volk als „Hexenblumen" bekannt. Als „Hexenkräuter" werden bezeichnet: das schon mehrfach erwähnte Schöllkraut mit seinen zehn Alkaloiden, der schon im Mittelalter in Kloster- und Bauerngärten vielgezogene, überdies heilkräftige Diptam *(Dictamnus albus)* — die Rhizomrinde enthält das Bitteralkaloid Dictamin — ebenso wie der scharf schmeckende Mauerpfeffer *Sedum acre*; sein chemisch noch nicht erforschter Wirkstoff ruft bei Haustieren narkotische Zustände hervor.

Wenn auf Laub- und Nadelbäumen spät im Jahr die dichten grünen Büschel der Mistel sichtbar werden, spricht der Volksaberglaube von „Hexen- und Drudennestern, aus denen böse Hexenweiber herauskommen" können. *Viscum album* ist eine echte Giftpflanze; sie enthält in den Blättern den „Mistelherzstoff" Viscotoxin, der hochgradige Myocardstörungen verursacht. Die Volksmedizin nimmt bekanntlich die eiländlichen Mistelblätter gegen Epilepsie und die Krampfanfälle, das „Fraisen", der Kinder, die

Oben: Blindbaum (*Excoecaria cochinchinensis*). Sein Milchsaft verursacht schwerste Augenentzündungen und Blindheit. Unten: Myrten-Wolfsmilch (*Euphorbia myrsinites*), eine echte mediterrane Giftpflanze.

Früchte auch als Wurmmittel. „Hexendorn" heißt in vielen Gegenden der Kreuzdorn *(Rhamnus catharticus)*, ein Strauch sonniger, steiniger Orte, dessen Rinde und Beeren glykosidhaltig sind und heftiges Erbrechen, Diarrhöen und Nierenreizung verursachen. Wollte das Volk seinen Abscheu vor ungenießbaren Pflanzen zum Ausdruck bringen, setzte es einfach „Jude" vor den Namen – ein Nachklang des Judenhasses und der Judendiskriminierung vergangener Zeiten. Wir kennen „Judenkirschen" für die Belladonna-Beeren, „Judenholz" für den Bittersüßstrauch, „Judenkappe" für die verbreiteten Eisenhut-*(Aconitum-)* Arten, die allesamt stark toxische Alkaloide enthalten. Beim Springkraut *Impatiens noli-tangere*, dem „Kräutlein Rühr-mich-nicht-an", hat nicht nur die Form der Blüten, sondern auch deren auffallende gelbe Farbe zur Namensgebung *Judenhütlein* mitgewirkt; denn Gelb ist seit jeher die Judenfarbe.

Von nicht wenigen Pflanzen glaubt man, daß sie in besonderem Maße für Tiere schädlich sind. Für die giftigen Seidelbast-Arten – die brennendscharf schmeckenden *Daphne*-Beeren enthalten den harzartigen, N-freien Scharfstoff Mezeréin – gibt es etliche Volksnamen, zum Beispiel „Lämmertod" in der Steiermark oder „Elendsblut" in Nassauischen Landen; auch sollen sie den Bienen schädlich sein und also auch den Honig vergiften.

Von „Gifthonig" spricht man übrigens auch bei solchem Honig, den die Bienen von gewissen *Rhododendron*-Arten sammeln, so vom rotblühenden *Rhododendron ponticum* und der gelbblühenden *Azalea pontica*. Wegen des stickstofffreien Andromedotoxins hat der Honig – in der Türkei als *del*

Linke Seite: Mistel (*Viscum album ssp. album*). Eine echte Laubholzmistel, im Bild auf einem Schwarznußbaum (*Juglans nigra*) schmarotzend.

Links: Großes Springkraut (*Impatiens noli-tangere*). Das Kraut „Rührmichnichtan" enthält einen chemisch noch unerforschten Bitterstoff.
Unten: Der Berglorbeer (*Kalmia latifolia*) gehört zu den Heidekrautgewächsen. Wirkstoff: Giftiges Andromedotoxin.

Rechts: Wald-Bingelkraut (*Mercurialis perennis*). Die den Wolfsmilchgewächsen zugehörigen Bingelkräuter galten früher als Heilpflanzen. Unten: Früchte der Rotbuche (*Fagus sylvatica*). Bucheckern-Vergiftungen kommen bei Mensch und Tier immer wieder vor.

bali bekannt — einen bitteren Geschmack. Der griechische Feldherr und Schriftsteller Xenophon (430—354 v. Chr.). schildert in seiner *Anabasis* die Vergiftungssymptome an seinen Soldaten nach dem Genuß des Honigs: „Die wenigen, die gegessen hatten, glichen stark Betrunkenen; die aber viel gegessen hatten, Rasenden, teils auch Sterbenden."

Manche Pflanzen erweisen sich für Pferde als besonders giftig, so der Scharfe Hahnenfuß *(Ranunculus acris)* — er heißt in Oberbayern „Roßtod" —, ebenso die Rebendolde *Oenanthe fistulosa* , die als „Roßwürger" gefürchtet ist und bei Pferden durch das Krampfgift Oenanthotoxin Lähmungserscheinungen auszulösen vermag. Das gilt übrigens auch von *Glechoma hederacea*, dem zierlichen Gundermann-Kraut mit dem „Bitterstoff" Glechomin, dem schwere toxische Wirkung auf Pferde nachgesagt wird. Keineswegs selten sind Vergiftungen mit Colchicin, dem Zellgift der

Links: Gemeine Rebendolde (*Oenanthe fistulosa*). Im Wurzelstock verschiedener *Oenanthe*-Arten findet sich das Krampfgift Oenanthoxin (Pferdegift!). Unten: *Pieris japonica*, ein Heidekrautgewächs aus Japan. Wirkstoff: Giftiges Andromedotoxin.

Herbstzeitlosen *(Colchicum autumnale)* ; selbst im Heu verliert das Kraut nicht seine toxische Wirkung.

Auch das Federvieh ist keineswegs gegen alle Giftpflanzen gefeit. Im Mittelfränkischen sagt man mancherorts zur Schlüsselblume *(Primula veris)* wie auch zur Zaunrübe *(Bryonia)* „Gänseverrecker" − beide müssen nach altem ländlichen Aberglauben aus dem Haus bleiben, sonst gehen die Tiere ein. Vielfach ist das Volk der Meinung, daß Mensch und Vieh durch den Genuß gewisser Pflanzen so aufgebläht werden, daß sie bersten. Nur so erklärt sich die Benennung „Berstkraut" für den 1 bis 2 Meter hohen Fleckenschierling *(Conium maculatum)* und das Wald-Bingelkraut *(Mercurialis perennis)*, eine Saponinpflanze, die heftige Durchfälle und Blutharnen (Hämaturie) auslöst.

Immer wieder muß man im Herbst die Kinder eindringlich vor dem Genuß roter oder schwarzer Heckenbeeren warnen, „weil sie den Bauch zerspren-

gen". Keineswegs unberechtigt ist auch die Warnung vor der im Sommer reifenden Frucht der Einbeere *(Paris quadrifolia)*. Im Volksmund ist sie die „Platzbeere", die den Leib zum Platzen bringt, so giftig ist sie. Tatsächlich verursachen die Glykoside Paristyphnin und Paridin Übelkeit, Brechdurchfälle und Koliken. Ähnliches passiert nach dem Genuß von Kornrade- *(Agrostemma-)*Samen. Diese „Höllenkörner" mit ihrem Githagin-Glykosidwirkstoff haben früher, als noch keine Brotkorn- und Saatgutreinigung stattfand, schwerste Vergiftungen hervorgerufen.

Der Genuß mancher, vor allem alkaloidhaltiger Pflanzen, verursacht starke Erregungs- und Verwirrungszustände, Tobsuchtsanfälle und dergleichen mehr. So verstehen sich Vulgärnamen wie „Tollkraut" für Bilsen- und Schöllkraut, „Tollrübe" für die Zaunrübe und „Tobkorn" für den Taumel-Lolch *(Lolium temulentum)*, deren Samen das zentral lähmende Temulin-Alkaloid enthalten.

Häufig sind Pflanzenbenennungen nach giftigen, „bösen" Tieren, etwa nach Schlangen oder Kröten. In alten Kräuterbüchern heißt das Schöllkraut „Schlangenwurzel"; der stattliche, durch seine Filix-Wirkstoffe besonders für niedere Tiere giftige Wurmfarn *(Dryopteris filix-mas)* hat den Volksnamen „Natternkraut", und so wird in manchen Gegenden auch die Wasserschwertlilie *(Iris pseudacorus)* benannt. Ihr Saft ist brennend scharf und giftig und führt zu Erbrechen, Kolik-

durchfällen, Bewußtseinstrübung und zu Herzstörungen.

Natürlich muß auch die „häßliche", der allgemeinen Verachtung preisgegebene Kröte – dieses uralte Hexen- und Zaubertier – für die Namengebung von Giftpflanzen herhalten. In alten Herbarien wird die bekannte Sonnwend-Wolfsmilch *(Euphorbia helioscopia)* als „Krötenkraut" bezeichnet, dessen Milchsaft – die „Krötenmilch" – Hautentzündungen hervorruft. Die Vulgärnamen „Krötenblume" bzw. „Krötenkraut" gelten interessanterweise auch für etliche Giftgewächse schattiger, feuchter Standorte, wo auch Kröten daheim sind, etwa das Buschwindröschen *(Anemone nemorosa)*, das in allen Organen Protoanemonin und Anemonin enthält und

Oben: Wasserknöterich
(*Polygonum amphibium*).
Rechts: Bären-Lauch (*Allium
ursinum*), in seiner Heilwirkung
dem Knoblauch nicht
nachstehend. Altes
Abtreibungsmittel!

auch für den Menschen giftig ist. Beim Weidevieh verursacht dieses Hahnenfußgewächs Entzündungen der Gedärme. Nach einer älteren Chronik soll das Anemonengift in Kamtschatka als Pfeilgift verwendet werden. Mit Kröten in Verbindung bringt man auch die verbreitete Pestwurz *(Petasites hybridus)*, das Gemeine Leinkraut *(Linaria vulgaris)*, den Bärenlauch *(Allium ursinum)* und den Wasserknöterich *Polygonum amphibium*, der in Blatt und Rhizom reichlich Gerbstoffe und in geringerer Menge noch nicht bestimmte Alkaloide hat.

Die Verächtlichmachung des Hundes, des ältesten und treuesten Gefährten des Menschen, die sich bereits im allgemeinen Sprachgebrauch in zahlreichen Schimpfnamen und Redensarten

Weiße Pestwurz (*Petasites albus*). Im Rhizom Ätherisches Öl, Bitterstoff und Harz. *Herba* und *Radix Petasidis* waren früher einmal offizinell.

(Hundeleben, Hundewetter, auf den Hund kommen) zeigt, kehrt häufig wieder bei Pflanzennamen. So steht „Hundsbeeren" für die Tollkirschen und die andromedotoxinen „Rauschbeeren" von *Empetrum nigrum*. Vom Trunkelbeerenstrauch *(Vaccinium uliginosum)* heißt es im Tirolischen, daß die Kinder nach dem Genuß seiner schwarzblauen „Schwindelbeeren" den Verstand verlieren. Die Blüten des reizenden Gänseblümchens *(Bellis perennis)* sind wohl saponinhaltig und als *Flores Bellidis* in der Volksmedizin seit eh und je gebräuchlich, aber das Kräutlein ist eben doch zu unscheinbar und damit eine − „Hundsblume". Anders verhält es sich mit dem „Hundswürger", der recht giftigen Schwalbenwurz *(Cynanchum vinceto-*

Wildes Leinkraut (*Linaria vulgaris*). Im Kraut, besonders reichlich in der Blüte, Flavonglykoside.

Gefährliche Gifte im Verborgenen

Die ganze Heimtücke pflanzlicher Toxine wird da deutlich, wo es durch Unkenntnis, Irrtum und Leichtsinn zu Vergiftungen kommt — ein ganzer Katalog ließe sich aufstellen. Wie erschreckend hoch ist Jahr für Jahr die Sterblichkeit allein durch Verwechslungen von eßbaren und giftigen Pilzen!

Giftpilze — das ist ein Thema für sich. Die Frage nach der Herkunft und Art der Pilzgifte wurde schon im Altertum gestellt. Dioskurides, der griechische Arzt des 1. Jahrhunderts n. Chr., meinte, von Natur aus seien Pilze überhaupt nicht giftig; sie würden es vielmehr erst durch ihre Umgebung, in der sie wachsen: auf Unratplätzen durch verfaulte Lumpen oder verrostetes Eisen; andere, wenn sie etwa unter Bäumen und Sträuchern stehen, deren Früchte giftig sind; wieder andere durch die bloße Berührung mit giftigen Tieren, mit Schlangen, Kröten und Spinnen.

Diese Meinung wurde widerspruchslos viele Jahrhunderte hingenommen, in zahlreichen Kräuterbüchern abgedruckt und in Ärzteschulen autoritätsgläubig vom Katheder herab verkündet. Die erregende, betäubende und nur zu oft tödliche Wirkung mancher Pilzgifte wurde im Altertum wie in späteren Jahrhunderten immer wieder zur Bereitung von Liebestränken ebenso wie zu Giftmorden benutzt. Giftpilz-Extrakte finden sich im 16. und 17. Jahrhundert als Bestandteil der berüchtigten Hexensalben, die phantastische Träume hervorriefen und schließlich zum Scheiterhaufen führten.

Schwalbenwurz (*Vincetoxicum hirundinaria*). Auf ihre Gefährlichkeit weisen auch Volksnamen hin wie *Hundswürger* und *Giftwurzel*.

xicum), deren Vincetoxin-Glykosid aconitinähnliche Wirkungen (Erbrechen, Diarrhöe, Krämpfe, Atem- und Herzlähmung) erkennen läßt.

Diese Beispiele aus der geradezu unerschöpflichen Fülle volkstümlicher Giftpflanzennamen, um deren Erforschung sich Prof. Heinrich Marzell († 1970) in hohem Maße verdient gemacht hat, mögen genügen. Sie zeigen, wieviel an Aberglaube, aber auch an Abscheu und begründeter Angst gegenüber Giftpflanzen im Bewußtsein des Volkes wach ist.

Birkenreizker (*Lactarius torminosus*). Im Milchsaft ein leberschädigendes, chemisch noch nicht erforschtes Zellgift, des weiteren ein Krampfgift und Muscarinspuren.
Unten: Der Grüne Knollenblätterpilz *Amanita phalloides* wird häufig mit dem Wiesenchampignon verwechselt, dann nämlich, wenn man nicht auf die weißen Lamellen, die hängende Manschette und die lappig abstehende Stielhülle achtet.

So überraschend dies zunächst erscheinen mag, auch für die Chemie und Pharmazeutik unserer Tage gehören die Pilzgifte zu denjenigen Problemen, die noch ein weites Feld für die Forschung offenlassen, nicht zuletzt deshalb, weil manche Pilzgifte eine ganze Reihe von toxischen Substanzen mit unterschiedlichen Wirkungen nebeneinander enthalten. Chemisch aufgeklärt sind die Amatoxine und die noch viel gefährlicheren Phallotoxine des Grünen und Weißen Knollenblätterpilzes *(Amanita phalloides* und *virosa)*, ebenso wie das in Fliegen- und Pantherpilz und in bestimmten Rißpilzen vorkommende Muscarin. Chemisch noch nicht hinreichend erforscht sind dagegen die in Giftpilzen, zum Teil auch in Speisepilzen vorhandenen Kapillargifte (Hämolysine und Hämagglutinien) und weiterhin die Hauptwirkstoffe der Lorchel, des Satanspilzes und verwandter Giftröhrlinge, des Giftreizkers und der giftigen Täublinge.

Gewiß, die allerwenigsten Pilze sind giftig, aber selbst Mykologen sind vor Überraschungen nicht sicher. Wer hätte etwa im Orangefarbenen Hautkopf (*Cortinarius orellanus*) aus der artenreichen Gattung der Haarschleierlinge, von der keine einzige giftige Spezies je bekannt war, einen Giftpilz erster Ordnung vermutet! Und doch hat dieser unscheinbare Blätterpilz Nierenvergiftungen verursacht und in den letzten Jahren zahlreichen Menschen den Tod gebracht. Bemerkenswerterweise ist sein Genuß auch für Tiere lebensgefährlich.

„Patentrezepte" zum sicheren Erkennen von Pilzen gibt es seit eh und je, und die in Hülle und Fülle. Die einzige Regel, um Pilzvergiftungen auszuschließen, ist die Kenntnis der Pilze.

Diese aus Beobachtung und Erfahrung resultierende Grundregel gilt natürlich für jede andere Pflanzengruppe in gleicher Weise.

Mehrfach schon hat man von tragischen Verwechslungen gehört, so bei Manöverübungen, bei denen es um das Überleben von Guerillakämpfern hinter den feindlichen Linien ging. Bodin und Cheinisse berichten von einem solchen Fall aus dem Jahre 1969; Soldaten in Südfrankreich hielten die Wurzelknollen des Eisenhutes (*Aconitum napellus*) für Meerrettich bzw. Radieschen und mußten diesen Irrtum mit dem Tod bezahlen.

Es gibt noch andere durchaus mögliche Verwechslungen, zum Beispiel von Knollen der Herbstzeitlosen (*Colchicum autumnale*), die das hochtoxische Colchicin enthalten, mit eßbaren Zwiebeln. Unserem Gartensalat (*Lactuca sativa*) recht ähnlich ist der Giftlattich (*L. virosa*), der immerhin einen narkotisch wirkenden Milchsaft mit den Bitterstoffen Lactucin und Lactucoprin enthält. Wie Spargel sieht der fleischige Wurzelstock des Germers (*Veratrum*) aus, dessen Alkaloide schon im Altertum zu Giftmorden und zur Herstellung von Pfeilgiften verwendet wurden. Folgenschwer, unter Umständen auch mit tödlichem Ausgang für Mensch und Tier, kann sich die Verwechslung von Petersilienkraut (*Petroselinum crispum*) mit der Hundspetersilie (*Aethusa cynapium*) sein, die das gleiche äußerst giftige Coniin-Alkaloid enthält wie dieses Schierlingsgift. Seltmann berichtet von einem Fall, da zum Würzen der Suppe „nur eine Handvoll" Hundspetersilie genommen worden war. Anderthalb Stunden nach dem Essen stellten sich Übelkeit, Leibschmerzen und schwere Brechdurchfälle ein;

auch Speichelfluß, Kopfschmerzen
und leichte Lähmungserscheinungen
konnten beobachtet werden.

Ohne Zahl sind die Fälle, bei denen
Kinder verlockend aussehende, aber
giftige Früchte pflücken und essen: die
roten Beeren der Stechpalme *Ilex
aquifolium* zum Beispiel, die Erbrechen und heftige Durchfälle hervorrufen; die Schwindel verursachenden
Früchte der Eibe *(Taxus baccata)* mit
dem Alkaloid Taxin, die Beeren der
Tollkirsche und anderer Nachtschattengewächse, deren Genuß zu tödlichen Atropin-Vergiftungen führt.
Entzündungen in der Mundhöhle und
im Rachen, dazu Verdauungsstörun-
gen, in schweren Fällen Krämpfe und
Zusammenbruch im Koma rufen die
Beerenfrüchte des Aronstabes *(Arum*

maculatum) hervor, die recht verführerisch aussehen und obendrein etwas süß schmecken.

Nicht wenige Giftpflanzen finden seit jeher – für uns heute ganz unbegreiflich – als Abtreibungsmittel, Abortiva, Verwendung, was meist schweres Siechtum oder den Tod zur Folge hat. Wir nennen nur den Tannenbärlapp *Lycopodium annotinum* – seine Alkaloide (Lycopodin, Annotin) führen auch bei trächtigen Stuten zum Abort – ferner Tollkirsche und Bilsenkraut, den Fieberklee *Menyanthes trifoliata* mit dem Bitterstoff Menyanthin, Teeinfuse von Eibe, Diptam und Oleander. „Altbewährte" Abortiva sind Nieswurz- und Pfingstrosenwurzeln, die Säfte der Wasserschwertlilie und die Seidelbastbeeren. Für ein gutes Abtreibungsmittel hielt man in früheren Zeiten das Kraut der Petersilie, von dem das Volk sagt, es helfe „dem Mann aufs Pferd", der Frau aber „unter die Erd'"; Apiol, der Hauptwirkstoff von *Petroselinum*, ist in reinem Zustand und bei Überdosierung in der Tat sehr giftig. Selbst das Mutterkorn *Secale cornutum*, der „Kindesmordpilz", wurde schon in der Antike zum Abtreiben verwendet.

Zum Abort kann es auch kommen nach Einnahme von giftigem ätherischem Öl, das sich in nicht wenigen Pflanzen findet. In erster Linie kommen hier in Betracht: das Kraut der verbreiteten Schafgarbe *(Achillea millefolium)*; der Saft – das offizinelle *Oleum Angelicae* – der Erzengelwurz *(Angelica archangelica)*; das Rautenöl *Oleum Rutae* von *Ruta graveolens*, der vielerorts kultivierten, wahrscheinlich mit dem Weinbau eingeschleppten Gartenraute; das Sadebaumöl von *Juniperus sabina*. In den Kräuterbüchern des gelehrten Pierandrea Matthiolus

Pflanzen gefährden in jedem Falle das Leben der Mutter und führen zu schweren Unterleibsentzündungen. Wenige Gramm können tödlich sein. Verschiedene Giftgewächse hält die Natur für uns bereit, die nur zum Verbrauch in geringen Mengen bestimmt sind, bei höherer Dosierung aber toxisch wirken. Schon der Genuß eines halben Samenkorns der Muskatnuß *(Myristica fragans)* vermag Vergiftungserscheinungen auszulösen, unter anderem Halluzinationen. Das hat dazu geführt, daß Muskatnüsse gelegentlich als Rauschmittelersatz verwendet werden, als Ersatz für Meskalin, Haschisch oder LSD. Hauptträger der berauschenden Wirkung, die sich deutlich in einer Veränderung des

Linke Seite: Stechpalme *Ilex aquifolium*. Links: Fieberklee *Menyanthes trifoliata*. Unten: Fruchtender Aronstab (*Arum maculatum*). In allen Organen Aroin. Vergiftungen bei Kindern durch die Beeren!

(1500–1577) ist zu lesen, die alten Hexen und Wettermacherinnen übten mit dem Sadebaumöl Zauberei und allerlei Abenteuer, verführten damit die jungen Huren, gäben ihnen Sadebaumschößlinge, gepulvert oder als Getränk, wodurch viele Kinder verderbt würden. Sie seien schlimmer als Herodes.

Auch manches Gewürz haben die „Engelmacherinnen" den Wöchnerinnen gegeben: die das „Nelkenöl" liefernden *Flores Caryophylli*, die Blütenknospen des auf den Molukken heimischen Gewürznelkenbaumes *(Syzygium aromaticum)*; die Rinde des Zimtbaumes *(Cinnamomum ceylanicum)*, die offizinelle *Cortex Cinnamomi*; das *Oleum Rosmarini* von *Rosmarinus officinalis* u. a. Zum „Forttreiben der Frucht" verabreichte man des öfteren auch Safran *(Crocus sativus)*. Toxische Dosen dieser seit Jahrtausenden kultivierten Glykosid-

Blühender Oleander (*Nerium oleander*). In allen Organen hat dieses mediterrane Hundsgiftgewächs Herzglykoside.

Raum- und Zeitgefühles äußert, ist das Myristicin.

Taumelige Trunkenheit kann auch der Mißbrauch von Kümmel hervorrufen, sowohl Kreuzkümmel *(Cuminum cyminum)* als auch der als Küchengewürz gebräuchliche Gemeine Kümmel *Carum carvi*, in erster Linie natürlich der chronische Mißbrauch von dem kümmelhaltigen Trinkbranntwein („Aquavit") bzw. Likör („Kümmel").

Ein recht gefährliches Gift ist das Blausäureglykosid Amygdalin, das in den Steinfrüchten des Bittermandel-Baumes, den „bitteren Mandeln" von *Prunus amygdalus var. amara* zu finden ist, übrigens auch in den Kernen von Pflaumen, Aprikosen, Kirschen und Äpfeln.

Um gewisse Pflanzen für die menschliche Ernährung geeignet zu machen, müssen sie zur Abspaltung und Verdampfung der Giftstoffe erst nachhaltig vorbehandelt werden. Ein naheliegendes Beispiel sind manche Pilze, die roh unbekömmlich, wenn nicht giftig, in gekochtem Zustand aber als Speisepilze sehr geschätzt sind. Man spricht hier von thermolabilen Toxinen, die sich zum Beispiel auch bei unserer Gartenbohne *(Phaeseolus vulgaris)* finden. Die rohen Samen, besonders in gekeimtem Zustand, sind äußerst giftig und können selbst in geringer Menge Brechdurchfall hervorrufen. Roh verfütterte weiße Bohnen töten Mäuse innerhalb von zwei, drei Tagen. Für die Vergiftungen ist ein toxisches Eiweiß, das Toxalbumin Phasin verantwortlich, das bei dem bloßen Trocknen nicht zerstört wird. Um genießbar zu sein, müssen Bohnen unbedingt gekocht werden! Durch Verzehr der (rohen oder gekochten) Sau- oder Pferdebohnen *(Vicia faba)*, die in Mittelmeerländern viel angebaut werden, kann es gleichfalls zu schweren Erkrankungen kommen. Man spricht von Fabismus, ein Krankheitsbild, das sich ebenfalls in Brechdurchfällen, Schwindelgefühl, fortschreitender Anämie und Gelbsucht äußert.

Ein anderes Beispiel ist die Sojabohne *(Glycine max)*, die ähnlich wie unsere

Buschbohne wächst und schon in einem 5 000 Jahre alten chinesischen Medizinbuch erwähnt ist. Sojabohnen werden in unterschiedlichster Weise zubereitet und genossen: frisch, getrocknet, gekocht oder vergoren. Bei all diesen Verfahren geht es lediglich darum, die giftigen Flavonglykoside der immerhin wertvollen Samen zu beseitigen. Nach Kobert soll Sojafett drastische Wirkungen haben. Schrot der Samen kann bei Rindern blutige Durchfälle, Schädigung der Gefäßwände und Absterben einzelner Organe (Nekrose) zur Folge haben.

Ähnlich ist es bei zahlreichen *Dioscorea*-Arten. Es sind dies Kletterpflanzen, die als *Yams* ihrer stärkereichen Knollen wegen angebaut werden und in weiten Teilen des tropischen Asien und Amerika wie auch Afrika ein wichtiges Nahrungsmittel darstellen, nicht anders als unsere Kartoffel. Die Dioscoraceen enthalten die sehr giftigen Steroidsaponine. So wird die giftige Knolle beispielsweise von *Dioscorea hispida* als Fisch- und Pfeilgift gebraucht, in gekochtem Zustand ist sie eßbar.

Giftige Blausäure-Glykoside kommen auch bei der Maniokpflanze (*Manihot esculenta*) vor. Dieses Wolfsmilchgewächs wurde in Amerika bereits vor der Entdeckung durch Kolumbus angebaut und im 16. Jahrhundert nach Afrika eingeführt. Heute wird Maniok auch in Indochina, Malaysia, Indonesien und Madagaskar kultiviert. Für Millionen Menschen ist das Mehl, das man aus den dicken *Cassava*-Wurzelknollen gewinnt, ein wichtiges Grundnahrungsmittel. Um die *Tapioka*-Stär-

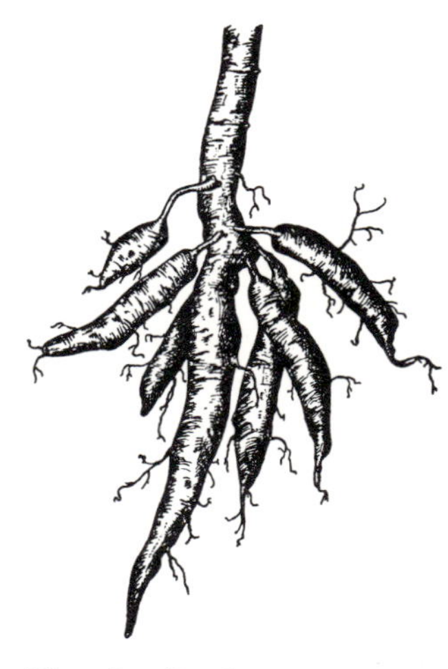

Wurzelknollen der Maniokpflanze. Sie erreichen eine Länge bis zu 50 cm und ein Gewicht bis 5 kg. Wegen des Gehaltes an Blausäureglykosid ist der Rohverzehr der Knollen nicht möglich. Sie müssen durch Kochen, Dämpfen, Rösten oder Auspressen des giftigen Milchsaftes und Trocknen an der Sonne entgiftet werden. Bis 85 Prozent der Trockenmasse sind eßbar – vergleichsweise nur 36 Prozent beim Weizen. Der hohe Stärkegehalt der Wurzeln macht Maniok zur sechstwichtigsten Grundnahrungsmittelpflanze der Welt!

Flockenstieliger Hexenpilz (*Boletus erythropus*), ein in Laub- und Nadelwäldern heimischer Röhrenpilz, der in rohem Zustand oder nur unzureichend gekocht außerordentlich giftig ist.

Rechts: Feuerbohne *Phaseolus coccineus*, daneben Saubohne *Vicia faba*. Unten: Yamswurzel *Dioscorea bulbifera*. Rechte Seite links: Maniok (*Manihot esculenta*), daneben Aloe (*Aloë barteri*).

ke zu gewinnen, muß freilich erst die Blausäurebindung Linamarin zerstört werden, was durch Kochen und mehrstündiges Erhitzen auf heißen Metallplatten geschieht.

Giftstoffe müssen gleichfalls ausgeschaltet werden bei einem anderen Wolfsmilchgewächs, nämlich bei der bekannten Rizinuspflanze *(Ricinus communis)*, von der im altägyptischen *Papyrus Ebers* (um 1600 v. Chr.) geschrieben steht, daß man das·Öl als Abführmittel und als − Haaröl nimmt. In den nach dem Auspressen des Öls verbleibenden Rückständen ist das sehr giftige Ricin enthalten, das eine ähnliche Wirkung wie das Gift des Amanita-Pilzes hat, also die roten Blutkörperchen beim Menschen und bei Warmblütern zum Gerinnen bringt. Etwa 20 Rizinussamen sollen für einen Erwachsenen absolut tödlich sein. Für Kinder können die Samen besonders gefährlich sein, einige weni-

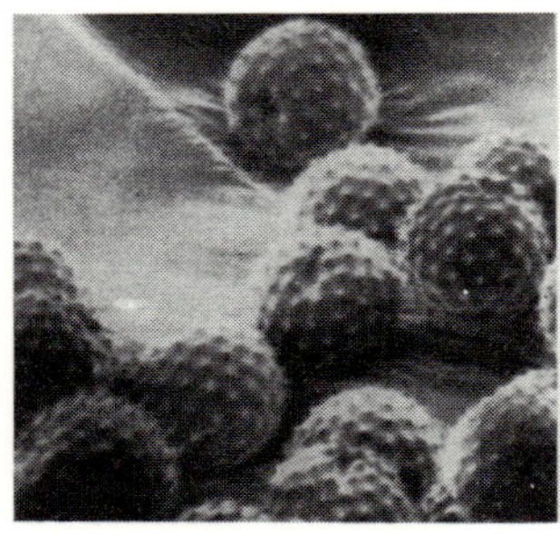

Blütenstaub der Goldrute (*Solidago virgaurea*). Dieser verbreitete Korbblütler trockener Standorte ist eine echte Saponinpflanze. Rasterelektronenmikroskopische Aufnahme, 1250:1.

Kreuzdorn *Rhamnus catharticus*. Rechte Seite: Alpen-Ampfer *Rumex alpinus*.

ge führen bereits zum Tod. Dabei sind die Samen zur Aufzucht des Zier-Rizinus („Palma Christi") in jeder Samenhandlung um die Ecke frei erhältlich! Toxische Eiweiße vom Typ des Ricins kommen auch in den Samen von *Croton tiglium* vor, einem immergrünen Baum des tropischen Asien. Krotonöl ist das am heftigsten wirkende aller Abführmittel, das zu schweren Darmentzündungen führen kann, und das man deshalb in der Humanmedizin ganz fallengelassen hat. Lediglich in der Tiermedizin blieb es als Bestandteil einiger „Patentarzneien" noch in Gebrauch. In jedem Falle sollte man im Umgang mit Krotonöl größte Vorsicht walten lassen.

Den Körper mit Hilfe von Abführmitteln, Laxantien, von schädlichen Stoffen zu befreien und Verstopfung zu beseitigen, ist ein jahrtausendealtes medizinisches Verfahren. Im alten Ägypten wie später auch bei Griechen und Römern und während des Mittelalters gehörten regelmäßige „ausleerende Kuren" – an drei Tagen im Monat! – zu den Behandlungsmethoden, von welchen man überzeugt war, daß sie in jedem Falle, gleichgültig, um welche Krankheit es sich handelte, Heilung bringen würden.

Die den Laxantien eigenen Anthraglykoside finden sich übrigens auch in der Rinde des Kreuzdorns *(Rhamnus catharticus)* und des Faulbaumes *(Rhamnus frangula)* wie auch in den grünen Blättern des Rhabarbers *(Rheum palmatum)*, die, an Schweine verfüttert, schwere, nicht selten tödliche Vergiftungen auszulösen vermögen.

Mitunter recht bösartig erweisen sich jene pflanzlichen Wirkstoffe, die bei entsprechend veranlagten Menschen „Überempfindlichkeitserkrankungen", die sogenannten Allergosen, hervorrufen: auf der Haut die Nesselsucht, in der Nase den Schnupfen, im Bereich der Luftwege Asthma oder im Darm Durchfälle. Unzählige Menschen können den Sommer nie so recht genießen, weil ihnen zur Zeit der Grasblüte der Pollenstaub in der Luft das Leben zur Hölle macht. Mit tränenden Augen, Atembeschwerden, Hautjucken und triefender Nase verbringen sie den Tag hinter verschlossenen Türen und Fenstern. In besonders schweren Fällen können Fieber, Nieren- wie auch Kreislaufaffektionen, Krampf- und Schwindelanfälle hinzukommen.

Bei gewissen Pflanzen genügt schon eine bloße Berührung, um schmerz-

Scharbockskraut (*Ranunculus ficaria*). Vor der Blütezeit im Kraut Protoanemonin bzw. Anemonin, in allen Organen Saponin. Unten: Becher- oder Giftprimel (*Primula obconica*).

hafte Reizerscheinungen auf der Haut hervorzurufen. In dieser Hinsicht gefürchtet ist die *Primula obconica*, der man mit Recht den Namen „Giftprimel" gegeben hat. Sie sondert im Öl ihrer Drüsenhaare den Giftstoff Primin ab, ein spezifisches Gefäßgift, das bei manchen Menschen schon in Spuren entzündungserregend ist. Diese sogenannte Primel-Dermatitis verläuft vielfach heftig und hartnäckig, selbst Wochen nach dem Verschwinden der Hautbläschen können durchaus noch Rötung und Juckreiz vorhanden sein. Angesichts der großen Verbreitung und Beliebtheit dieser Zimmerprimel kommen Vergiftungen immer wieder vor, besonders als „Berufsdermatitis" bei Blumenhändlern und Gärtnern. Auch wildwachsende Pflanzen unserer einheimischen Flora können bei überempfindlichen Menschen Hautreizungen hervorrufen. Ursache sind meist phototoxische Stoffe, die sogenannten

Links: *Cypripedium reginae*, bei dieser nordamerikanischen Frauenschuh-Orchidee dringen die Haare der Pflanze leicht in die Haut ein und können heftige Entzündungen hervorrufen. Unten: Echter Feigenbaum (*Ficus carica*).

Furocumarine, die schon nach einmaliger Einwirkung und gleichzeitiger Lichtexposition zu Hautschädigungen führen. Manche ätherische Öle, wie das von der Schafgarbe *(Achillea millefolium)*, dem Bärenklau *(Heracleum sphondylium)* oder der Engelwurz *(Angelica archangelica)*, steigern die Hautempfindlichkeit und können beim Sonnenbaden mit nacktem Körper Hautentzündungen verursachen. Man spricht in diesem Falle von Wiesendermatitis. Phototoxisch wirkende Giftstoffe finden sich außerdem bei der Gartenraute *(Ruta graveolens)*, dem Pastinak *(Pastinaca sativa)* und in den Blättern des Feigenbaumes *(Ficus carica)*. Eine beim Menschen seltene, bei Schafen, Kühen und Pferden häufig auftretende Hauterkrankung unter Lichteinwirkung ist der sogenannte Fagopyrismus. Diese Erkrankung, die die Tiere nach dem Fressen von Johanniskraut *(Hypericum perforatum)*

Rechte Seite: Gewöhnliche Brennessel (*Urtica dioica*).

Rechts: Echte Vanille (*Vanilla planifolia*). Unten: Fruchtende Baumwolle (*Gossypium herbaceum*). Da die Faser aus fast reiner Zellulose ohne jede Verholzung besteht, ist Baumwolle weich und nicht spröde.

bekommen, zeigt sich in Hautödemen, Ekzemen und Bindehautentzündungen. Der phototoxisch wirkende Stoff ist hier das Hypericin in den Blüten des Hartheus.

Zu den gewerblichen, durch pflanzliche Wirkstoffe hervorgerufenen Dermatitiden gehört außer der erwähnten Primelkrankheit die in Konservenfabriken öfter vorkommende Spargel-Dermatitis, bei der neben Schnupfen, Niesen, Augentränen, Husten und Auswurf unter Umständen schlimme Asthmaanfälle auftreten können. Bekannt ist die Hopfenpflückerkrankheit, verursacht durch das örtlich reizende Lupulin, und die Vanille-Dermatitis beim Verarbeiten der Früchte von *Vanilla planifolia*. In Japan kennt man die Ginkgo-Dermatitis, die sich bei der Gewinnung der eßbaren Samenkerne von *Ginkgo biloba* ausbilden kann, sofern mit bloßen Händen gearbeitet wird.

Baumwollstaub kann bei Spinnereiarbeitern zu Atemnot, Enge in der Brust, führen. Ähnlich ist das Krankheitsbild der durch den Staub von Zuckerrohrrückständen hervorgerufenen Bagasse-Krankheit, auch hier kommt es zu Schädigungen der Atemorgane. Selbst der Umgang mit gewissen tropischen Hölzern kann zu Ekzemen und asthmatischen Erkrankungen führen, für die nach neuen Untersuchungen Naphthochinon-Derivate verantwortlich sind. Giftstoffe dieser Art finden sich zum Beispiel im Ebenholz (*Diospyros*-Arten), im ostindischen Satinholz (*Chlorxylon swietenia*), im Alabachi (*Triptochiton scleroxylon*), das meist zu Sperrholzfurnieren verarbeitet wird, und nicht zuletzt in dem weltweit geschätzten „termitensicheren" Teakholz (*Tectona grandis*) aus Südostasien.

Für manche Gewächse gilt die Regel des „Rühr-mich-nicht-an". Das wohl naheliegendste Beispiel ist die jedermann bekannte Brennessel *(Urtica dioica)*. Blätter und Triebe bedeckt eine Unmenge feinster Brennhaare, die bei Berührung dank der verkieselten Spitze wie die Kanüle einer Injektionsnadel geradewegs in die Haut eindringen und ihre Nesselgiftstoffe entleeren: in der Sprache der Chemiker Acetylcholin und Histamin. Die winzigen Sekretmenge eines einzigen Brennhaares − 1 millionstel Gramm! − reicht aus, um eine von starker Rötung umgebene, heftig juckende Nesselquaddel zu erzeugen. Lewin berichtet von einem besonders eklatanten Fall: ein Kind wurde zur Strafe mit frischen Brennesseln ausgepeitscht − es starb an einer echten Nesselvergiftung.

Der Nesselgiftstoff kann bei manchen tropischen Nesselpflanzen schwerste Schädigungen der Gesundheit, tagelang peinigende Schmerzen, ja Lähmungen zur Folge haben. Genannt seien nur die australische Brennessel *Laportea,* und aus der Familie der Loasengewächse die wunderschön blühende *Loasa vulcanica* der südamerikanischen Anden und die Brennwinde *Cajophora lateritia* aus Argentinien. Niemals dürfen diese Nesselpflanzen mit bloßen Händen berührt werden. Schwer „verbrennen" kann sich die Haut auch an den Giftsumachen der Art *Toxicodendron.* Nach geringstem Kontakt bilden sich schwere Hautentzündungen, dazu kommen nicht selten Drüsenschwellungen und böse Vereiterungen.

Die ganze Heimtücke giftiger Pflanzen wird da deutlich, wo sich die Wirkstoffe als nachweislich krebserzeugend erweisen. Karzinogene Stoffe sind längst

Laportea moroides, eine
australische Nesselpflanze.

vom Tabak bekannt, wobei die Hauptgefahr, wie schon dargelegt, durch das Lungeninhalieren entsteht, bei dem immerhin über 90 Prozent der Gifte im Körper zurückbehalten werden. Bei Tabakkauern in Indien und Rußland macht das Mundhöhlen-Karzinom bis zu 50 Prozent aller Krebsfälle aus!

Das Vorkommen krebserzeugender Pflanzenwirkstoffe hat längst die Aufmerksamkeit der Wissenschaft erweckt, ihre Ausschaltung ist eine wichtige Aufgabe der Präventivmedizin. Das Wurzelöl des Fenchelholzbaumes *(Sassafras albidum)*, dessen Rinde schon vor Jahrhunderten bei den Indianern Nordamerikas als Fieberarznei, Tabakzusatz und Kaumittel in Gebrauch war, zeichnet sich durch

hohen Safrolgehalt — bis zu 80 Prozent — aus. Sassafrasöl und Safrol dienten früher ihres Duftes wegen in den USA zur Aromatisierung von Seifen u. dgl., werden jetzt aber im Hinblick auf ihre nachweislich krebserzeugenden Wirkungen nicht mehr verwendet. Nicht mehr offizinell ist auch das Ascaridol enthaltende Öl vom nordamerikanischen Gänsefuß *Chenopodium ambrosioides*, das bis vor kurzem als Wurmmittel Verwendung fand. Auch ihm sagt man karzinogene Wirkung nach.

Die ungewöhnliche Häufigkeit von Lebertumoren bei den südafrikanischen Bantus führte zur Entdeckung der ersten krebserzeugenden Alkaloide. Sie wurden in verschiedenen Kreuzkräutern *(Senecio-Arten)* gefunden, die als „Busch-Tee", aber auch medizinisch gebraucht werden. Ähnliche Beobachtungen machte man an den verwandten Alkaloiden aus *Heliotropium*-Arten und dem Bombay-Hanf *(Crotalaria juncea)*. Im Experiment ließen sich bei Ratten, deren Futter die *Senecio*-Alkaloide Retrorsin und Isatidin beigegeben wurden, Lebertumore erzeugen (nach Schoental/Head/Peacock).

Wie weit krebserzeugende Gifte im Pflanzenreich verbreitet sind, können wir nur ahnen; die Forschung steht hier erst am Anfang. Darin machen, wie es den Anschein hat, auch die niederen Pflanzen keine Ausnahme. Im *Massachusetts Technological Institute* (USA) hat man vor Jahren den Giftstoff Aflatoxin entdeckt, der zu

Giftsumach *Toxicodendron radicans*. Giftig ist allein der Milchsaft, der die hartnäckige Rhusdermatitis verursacht.

Rechte Seite: Giftige Zimmerpflanzen. Oben links: Zimmerkalla *Zantedeschia aethiopica* (Araceae), daneben Ritterstern *Hippeastrum rutilum* (Amaryllidaceae). Unten links: Inkalilie *Alstroemeria aurantiaca* (Amaryllidaceae), daneben Fensterblatt *Monstera deliciosa* (Araceae).

den wirksamsten karzinogenen Toxinen gehört und von dem Schimmelpilz *Aspergillus flavus* gebildet wird. Ausgelöst wurden diese Untersuchungen, nachdem es vor 20 Jahren in England zu einem Massensterben von Truthühnern gekommen war, an die, wie sich herausstellte, verschimmeltes Erdnußmehl verfüttert worden war. Hier zeigt sich, wie wichtig es ist, die so verbreiteten Schimmelpilze durch hygienische Maßnahmen zu bekämpfen.

Zimmerpflanzen sind in unserer Zeit recht modern geworden, vor allem Exoten, deren Farbenpracht und Formenreichtum jeden begeistern, der Pflanzen liebt: Palmen, Kakteen und Liliengewächse, zauberhafte Orchideen und Bromelien, aber auch giftige Euphorbien, Hundsgift- und Nachtschattengewächse, Agaven, Aronstab- und Amaryllisgewächse. Nicht selten enthalten die Blätter, der Saft, die Früchte oder Knollen, ja selbst die Blüten gefährliche Gifte wie Blausäure, Alkaloide, Glykoside oder Oxalsäure. Wir nennen nur die Amaryllisgewächse als eine typische Alkaloidsippe, z. B. die Hakenlilie (*Crinum amabile*), den Ritterstern *Hippeastrum* oder die Jakobslilie *Sprekelia*. Natürlich gehören die Wolfsmilchpflanzen hierher mit ihrem giftigen Milchsaft, etwa der beliebte, aus dem tropischen Mexiko stammende Weihnachtsstern (*Euphorbia pulcherrima*) oder die dekorative Krotonpflanze *Codiaeum*, ein immergrüner Strauch Ostindiens. Gift im Saft findet sich gleichermaßen beim Flammenden Kätchen (*Kalanchoë blossfeldiana*) und den Aloën. Giftstoffe in den Blatthaaren hat die schon erwähnte Becherprimel. Gift in allen Teilen enthalten die prächtigen Ruhmesblumen (*Clianthus*) sowie die Aronstabgewächse *Anthurium* (Flamingoblume) und *Dieffenbachia*.

Denken wir an die Kleinkinder, die, wie wir wissen, alles in den Mund zu nehmen gewohnt sind; sie sind in besonderem Maße gefährdet. Darum ist Vorsicht geboten! Im Vergiftungsfall müssen Eltern wissen: Dem Kind Fruchtsaft oder Wasser (keine Milch) zu trinken geben, sofort erbrechen lassen und das Kind *zusammen mit der Pflanze* in die nächste Klinik bringen!

128

Tier und Mensch und die Toxine

Es ist nicht ohne Problematik, weshalb Gifte, in unserem Falle pflanzliche Toxine, eine so sehr unterschiedliche Verträglichkeit bei Mensch und Tier finden. Immer wieder verblüfft die Toleranz vieler Tiere, Gifte ohne merkbare Schädigungen zu ertragen. Käfer und Schnecken benagen, wie allgemein bekannt, jeden Giftpilz; selbst die hochgiftigen Knollenblätterpilze, deren Genuß beim Menschen den Tod zur Folge hat, bekommen Kaninchen recht gut. Gegen Opium und Schierling sind Ziegen absolut widerstandsfähig; Amseln, Wachteln und Rebhühner fressen mit Vorliebe die Beeren der Tollkirsche, und der kleine Blattkäfer *Haltica atropa* lebt fast ausschließlich von den Belladonna-Blättern. Auch Meerschweinchen, Affen und Hunde sind in hohem Maße atropinfest. Einen Geier kann man mit Strychnin nicht vergiften, während dieses Brechnuß-Alkaloid für den Menschen meist tödlich wirkt. Demgegenüber ist das seines Aromas wegen geschätzte Cumarin-Glykosid des Waldmeisters *(Galium odoratum)* für Enten, Hühner und Gänse in den meisten Fällen tödlich.

Manches Tier vergiftet durch seine Ernährungsweise sein Fleisch, so daß es ungenießbar wird. So kann es zu Atropin-Vergiftungen nach dem Verzehr von Kaninchen oder Wachteln kommen, wenn diese Tollkirschen gefressen haben. Ebenso können diese Tiere eine Magen- und Darmentzündung zutragen, sofern sie sich etwa von Schierlings- oder Schöllkraut ernährt haben. Auch hat man beobachtet, daß nach dem Genuß von Schnecken, die von den Blättern des Gerberstrauches (Lederstrauches) *(Coriaria myrtifolia)* gefressen hatten, Schwindelgefühl und leichte Krämpfe auftraten. Die *Coriaria*-Blätter enthalten nämlich ein sehr bitteres Glykosidgift.

Gifte als chemische Waffen sind bekanntlich im Tierreich weitverbreitet; meist ist es so, daß solche Tiere über die Fähigkeit verfügen, die Giftstoffe selbst zu produzieren. Nun gibt es aber Tiere, die durch die Nahrung auf-

Schachblume (*Fritillaria meleagris*). In der Zwiebel das thermolabile Alkaloid Imperialin, ein besonders für Hunde tödliches Herzgift.

genommene Gifte als Abwehrwaffen einsetzen. Wir wissen von zahlreichen Insekten, daß sie zumindest im Jugendstadium auf giftigen Pflanzen leben, auf Brennesseln, Wolfsmilchkräutern, Hundsgift- und Nachtschattengewächsen, aber giftfest sind.

Professor Reichstein, 1950 Nobelpreisträger für Medizin und Physiologie, berichtet von Wüsteninsekten, die es verstehen, das aufgenommene Gift für ihren eigenen Schutz auszunützen. Da ist die besonders in Ägypten und im Sudan verbreitete, solitär, also nicht in Schwärmen lebende Heuschrecke *Poekilocerus bufonius*. Sie ernährt sich vorzugsweise von den Hundsgiftgewächsen *Calotropis procera* und *Pergularia tomentosa*. Wird die Schrecke gereizt oder angegriffen, so spritzt sie ein giftiges, schaumiges Sekret aus. Angreifer meiden fortan instinktiv die Heuschrecke, wobei wohl der abstoßende Geruch und Geschmack des Giftsekrets, sicher aber auch die auffallende Warnfärbung mit

Oben: Waldmeister (*Galium odoratum*). Links: Seidenpflanze (*Asclepias currasavica*).

ausschlaggebend sein dürfte. Bei den Sekretwirkstoffen handelt es sich um Histamin, Digitalisstoffe und vor allem um die *Calotropis*-Glykoside Calotropin und Calactin. Reichstein berichtet des weiteren von dem Monarch *Danaus plexippus*, einem Wanderfalter, der für seine Massenflüge bekannt ist. Die Larven dieses in Kanada und den USA heimischen Schmetterlings leben ausschließlich auf Seidenpflanzen (*Asclepias*-Arten), die in ihrem Wurzelstock einen sehr giftigen, digitaliswirksamen Milchsaft enthalten. Auch der Monarchfalter, durch seine Nahrung vergiftet, wird von Insektenfressern konstant gemieden. Untersuchungen konnten auch hier herzaktive Glykoside (Calactin und Calotropin) identifizieren.

Weidevieh vermeidet bekanntlich die Aufnahme giftiger Pflanzen, wie Bilsenkraut, Trollblumen, wilde Narzissen, Fettkräuter, Edelweiß, Arnika u. a., sei es, daß solche Pflanzen einen ekelerregenden Geruch und Geschmack oder andere abschreckende Eigenschaften haben.

Demgegenüber gibt es andere Gewächse, die auf Tiere eine seltsame Anziehungskraft ausüben. Sonderbar erregend auf Katzen wirkt der charakteristische, auf ein ätherisches Öl zurückgehende Geruch des Baldrians *(Valeriana officinalis)*. Bereits im *Hortus Sanitatis* (1485) und in späteren Kräuterbüchern lesen wir, daß die Katzen sich „an diesem Kraut reiben und da hinein ihren Samen werfen"; darum bewahre man dies Kraut, das

zur Arznei gebraucht werden soll, vor den Katzen. So erklären sich auch die alten Volksnamen „Katzenkraut" und „Katzengeil" und die Redensart: Er streicht wie eine Katze um den Baldrian. Auch das verbreitete Echte Katzenkraut *(Nepeta cataria)* wird von Katzen begierig gefressen, es enthält leicht berauschende Wirkstoffe: Ätherisches Öl mit Carvacrol, Alkohol Nepetol und das noch nicht näher be-

stimmte Nepetalacton.

Von dem einstmals als Narkotikum, Hypnotikum und Antaphrodisiakum offizinell gewesenen Gift- oder Stinklattich *(Lactuca virosa)* heißt es, daß er von Kaninchen gefressen werde. Die alten Chinesen verwendeten diese unangenehm, etwas mohnähnlich riechende Lattichart als Opium-Ersatz. „Taubenzucker" ist ein alter Vulgärname für Hanfsamen, abgeleitet von

Langblättriger Sonnentau *(Drosera anglica)*. Die Pharmakologie dieser insektenfressenden Moorpflanze ist noch wenig geklärt. Für Schafe kann *Drosera* tödlich sein. Extrakte werden speziell für Keuchhustenmittel verwendet *(Herba Droserae)*.

der stimulierenden Wirkung auf Tauben und „wegen seiner großen Hilfe beim Zähmen und Abrichten von Vögeln für Schauzwecke, da alle Ängste aus dem Weg geräumt zu sein scheinen, wenn sie wissen, daß sie mit Hanfsamen belohnt würden" (Levi).

Der Frage, ob der Mensch manches von seinem Wissen über pflanzliche Drogen von Tieren abgeschaut und gelernt hat, ist man seit Jahren im Neuropsychiatrischen Institut der Universität von Kalifornien in Los Angeles (Prof. Ronald K. Siegel) nachgegangen. Man ist heute der Meinung, daß beinahe ein halbes Hundert Drogen durch Beobachtung und Nachahmung tierischen Verhaltens entdeckt wurden — wenigstens liefern Folklore und Mythologie manche Belege dafür. So soll der Kaffee angeblich um 900 n. Chr. durch einen abessinischen Ziegenhirten entdeckt worden sein. Ihm fiel auf, daß die Tiere ungewöhnlich „munter" wurden, wenn sie die roten Beerenfrüchte eines Baumes gefressen hatten, der sich später als Kaffeebaum erwies. Im Jemen erzählt man sich, Ziegen hätten mit auffallender Vorliebe immer wieder die Blätter von bestimmten Sträuchern gefressen. Schließlich habe der Hirte selbst von den Blättern gekostet und sie hochgradig stimulierend gefunden. Seither ist der Genuß von Kat im ganzen Land verbreitet. Dies ist nur eine Legende, tatsächlich hat man indes mehrfach die Beobachtung gemacht, daß Esel, Schafe und Ziegen Katblätter besonders gerne fressen und danach regelrecht aggressiv werden.

In anderen Drogengeschichten erscheint der Koalabär als ein „Drogenabhängiger". Bekanntlich ernährt sich dieser australische Kletterbeutler — das Naturvorbild unseres Teddybären

Klatschmohn *Papaver rhoeas*. In allen Organen, die Samen ausgenommen, besonders aber im Milchsaft Alkaloide, die bei Kühen Vergiftungserscheinungen mit Krämpfen und Koma hervorrufen können. Aus früheren Berichten sind auch Klatschmohn-Vergiftungen bei Kindern bekannt.

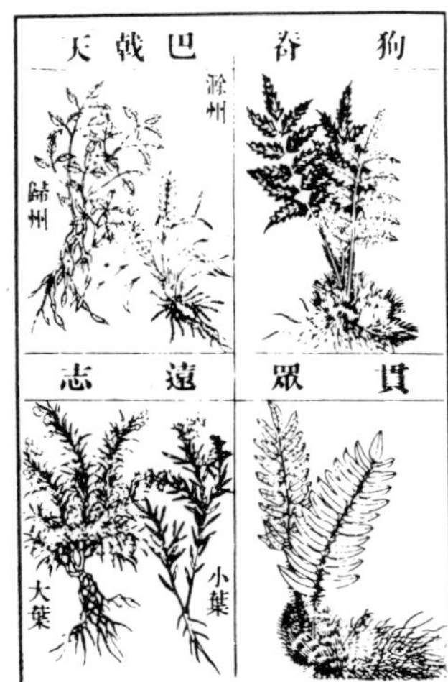

Illustration aus dem chinesischen Heilkräuterbuch *Pen Tsao Kang Mu*, dessen erste Ausgabe bis in die Tschou-Periode (1050–256 v. Chr.) zurückreicht.

Rechte Seite: Eukalyptusbaum (*Eucalyptus globulus*), beheimatet in Australien, kultiviert in vielen tropischen und subtropischen Ländern.

– von den Blättern bestimmter Eukalyptusarten. Durch den Gehalt an Cineol haben die Blätter namentlich von *Eucalyptus globulus* einen zunächst erregenden, später narkotisierenden Effekt. Nun glaubte man eine Erklärung dafür zu haben, warum die Koalas den Tag verschlafen und erst nachts aktiv werden. In Wahrheit jedoch ist dieses Verhalten mit dem biologischen Stoffwechselrhythmus zu begründen.

Nach Geschichten, die man sich in Peru erzählt, wurde das Kokakraut von Packtieren entdeckt. Sie fraßen es, nachdem sie in den Bergen auf ihr normales Futter verzichten mußten. Dabei stellte sich heraus, daß die Kokablätter die Tiere besonders leistungsfähig erhielten; daraufhin übernahmen die Indios die Gewohnheit des Kokakauens.

Pope berichtet von Stachelschweinen, Ebern und Gorillas, die in den Urwäldern von Gabun und dem Kongo die Wurzeln vom *Tabernanthe*-Strauch ausgruben und fraßen, danach „in eine wilde Raserei" verfielen, wie toll umhersprangen, „scheinbar flüchtend vor erschreckenden Visionen". Dieses immerhin auffällige Verhalten ist möglicherweise von den eingeborenen Jägern beobachtet und nachgeahmt worden, die fortan die ibogainhaltige Pflanze als Rauschmittel für ihre rituellen Handlungen benutzten.

Durch Halluzinogene hervorgerufene Verhaltensweisen zeigen beispielsweise auch Rentiere in den asiatischen Wald- und Tundraregionen. So hat man beobachtet, daß die Tiere gelegentlich Fliegenpilze fressen und sich hinterher „betrunken, wild und aggressiv" verhalten. Dieses Gehabe zeigen Rentiere aber auch dann, wenn sie von Fliegen in ihren Nüstern arg ge-

plagt werden. Das mag die Schamanen möglicherweise zu der Annahme gebracht haben, Geistesverwirrungen würden durch „Insekten im Kopf" verursacht und müßten folgerichtig mit angemessenen Drogenritualen behandelt werden.

Daß Elefanten „drogensüchtig" sind, ist schon lange bekannt. Während sie vielleicht mehr zufällig Tabak oder die sukkulenten Blätter von Agaven ihres Saftgehaltes wegen fressen, haben sie, wie Carrington zu berichten weiß, eine unverkennbare Vorliebe für Alkohol in Form vergorener Früchte, zum Beispiel von der Dumpalme (*Hyphaene*). Die pflaumengroßen Samen liefern eine Flüssigkeit, die zu einem besonderen Palmwein vergoren wird. Nach dem Genuß der Früchte taumeln die Tiere, wie dem Bericht zu entnehmen, „wie betrunken" umher, machen Sprünge und trompeten so laut, daß sie meilenweit zu hören sind. Zudem werden sie aggressiv und fechten untereinander wilde Kämpfe aus.

Rauschzustände haben Konsequenzen im sozialen Zusammenleben, das scheint bei Mensch und Tier gleich zu sein. Berauschte Herdentiere trennen sich, wie man des öfteren beobachten konnte, von der Herde oder werden – wie Kranke und Verletzte – ausgestoßen und tun sich mit anderen unter Drogen Stehenden zusammen (nach Siegel). Im Grunde nicht anders ist es beim Menschen. Wohl suchen und finden Menschen im Drogenkonsum zunächst den Kontakt mit Gleichgesinnten. Weil man im allgemeinen einen Drogenrausch aber nur für sich selber machen kann, steht am Schluß einer „Drogenkarriere" in der Regel der Rückzug in die Vereinsamung, in die Isolation: Mensch und Tier verhalten sich unter Drogeneinfluß sozial unan-

Kerzenstrauch (*Cassia didymobotrya*) aus dem tropischen Afrika. Mehrere *Cassia*-Arten sind wichtige Arzneipflanzen, die glykosidhaltigen Blätter werden getrocknet und als mildes Abführmittel verwendet – die offizinellen *Folia Sennae* (Sennesblätter).

gemessen, „steigen aus", was dann zur Bildung besonderer „Subkulturen" führen kann.

Gifte im Pflanzenreich, das ist nach allem bisher Dargelegten ein unerschöpfliches Thema – ein Thema mit Variationen; wo man es anpackt, ist es interessant. Da gibt es Giftpflanzen, in erster Linie solche mit ätherischen Ölen, die seit frühester Zeit gegen Infektionserreger und Parasiten Anwendung finden.

Die Babylonier würzten ihre Speisen zur besseren Haltbarkeit; die Zersetzung von Lebensmitteln durch Gärung, Fäulnis oder Schimmelbildung ließ sich durch aromatische Pflanzen unterdrücken; sie galten als „antidämonisch", zum Beispiel Ysop (*Hyssopus officinalis*), Quendel (*Satureja calamintha*), Majoran (*Origanum majorana*) mit seinen ätherischen Ölen oder der Feldthymian (*Thymus serpyllum*) mit dem aromatischen Bitterstoff Serpyllin. Ebenso bekannt war der frühen Medizin die Behandlung lokaler Infektionen mit bestimmten Kräutern. So erwähnt das Alte Testament eine „heilige Salbe", herzustellen „nach der Kunst des Salbenbereiters aus Myrrhe, Zimt und Kalmus sowie Öl vom Ölbaum".

Die Ägypter konservierten schon seit dem 3. Jahrtausend v. Chr. ihre Mumien mit aromatischen Drogen. Nach Entfernung der inneren Organe – an Stelle des Herzens wurde eine Skarabäus-Nachbildung eingesetzt – reinigten sie die Körperhöhle mit Palmwein und füllten sie mit allerlei Duftstoffen, so mit reinem Myrrhenpulver und mit den Blättern und Früchten des *Cassia*-Strauches, dessen glykosidhaltige Gewürzrinde die offizinellen Sennesblätter liefert. Dem Ägypter ging es darum, den Leib der Toten vor der Verwesung zu bewahren, denn nach seiner Vorstellung bedeutet der Tod – diese „Quelle der Tränen und des Kummers" – kein Ende, sondern eine Durchgangszeit. Den Leib verfallen zu lassen, war gleichbedeutend mit ewiger Trennung der Lebenskräfte von ihrer körperlichen Stütze.

Zahlreiche pflanzliche Inhaltsstoffe wirken antiparasitär, so das Ascaridol des Gänsefußkrautes *Chenopodium* und das Santonin von Beifuß-

Arten, in erster Linie von *Artemisia cina*, einem Steppengewächs Zentralasiens. Beide werden gegen parasitische Eingeweidewürmer, speziell gegen Spul- und Hakenwürmer, verwendet; bereits die Indianer kannten Wurmmittel pflanzlichen Ursprungs. Ein Nachteil ist allerdings die geringe therapeutische Breite der Öle; Überschreitung der Dosis führt zu ernsten, nicht selten tödlich verlaufenden Vergiftungen. Andere Pflanzenöle sind wirksame Antiparasitika gegen Außenparasiten wie Läuse und Krätzmilben. Genannt seien der Perubalsam von *Myroxylon balsamum var. pereira* aus Mittelamerika und das Anethol, der Hauptwirkstoff und zugleich Geruchsträger des Aniskrautes *(Pimpinella anisum)*, das zu den ältesten Drogen gehört und schon von Dioskurides, Theophrast und Plinius eingehend beschrieben wurde.

Bestimmte Arten von Chrysanthemen sind in unserem Zusammenhang interessant, insofern sich aus den getrockneten Blütenköpfen Extrakte gewinnen lassen, die insektizidwirksame Verbindungen, sogenannte Pyrethrine, enthalten. Dies gilt besonders für *Chrysanthemum cinerariifolium*, die Dalmatinische Insektenblume, die früher auf dem Balkan im großen angebaut und noch im Zweiten Weltkrieg gegen Fliegen, Stechmücken und Flöhe angewendet wurde. Neuere Untersuchungen haben eine sehr geringe Giftigkeit der Pyrethrine für Warmblüter erkennen lassen. Demgegenüber sehr toxisch sind *Radix* und *Flores Pyrethri*, wie gesagt, für Insekten, aber auch zur Bekämpfung von Milben und Madenwürmern.

Zu allen Zeiten und in jeder erdenklichen Weise hat es der Mensch verstanden, sich die giftigen Wirkstoffe von Pflanzen nutzbar zu machen. Pflanzen als Jagdgifte, um Wild oder Fische zu lähmen, sind seit ältesten Zeiten bekannt. Nach römischen Quellen sollen die Gallier mit vergifteten Pfeilen die Hirschjagd betrieben haben. Bis in neueste Zeit fand der Gelbe Eisenhut *(Aconitum vulparia)* mit seinen hochgiftigen Alkaloiden Verwendung als Giftköder für Raubwild, besonders für Wölfe und Füchse. Schon Dioskurides spricht von dem Kraut „Wolfstod",

Dalmatinische Insektenblume (*Chrysanthemum cinerariifolium*), eine halbmeterhohe Staude, die auf dem Balkan im großen angebaut wird.

Gelber oder Wolfs-Eisenhut
(*Aconitum vulparia*).

das, in rohes Fleisch eingehüllt, zur Jagd auf Wölfe und wildernde Hunde gebraucht wird. In Skandinavien dient die strauchige, gelbgefärbte Rindenflechte *Letharia vulpina*, von der die stark giftige Vulpinsäure abgeschieden wird, zum Vergiften von Wolfsködern. Sie ist übrigens auch die einzige für den Menschen giftige europäische Flechte. In Südwestafrika nahm man den angetrockneten und in den Köder vermengten Milchsaft der Wolfsmilch *Euphorbia subsala* zum Vergiften von Großkatzen.

Die Verwendung vergifteter Waffen bei Naturvölkern war schon lange vor unserer Zeitrechnung bekannt, vor allem in Afrika. Theophrast berichtet von den Äthiopiern, daß sie eine tödlich wirkende Wurzel zum Bestreichen ihrer Pfeile und Speere benutzen. In Afrika wie in Südamerika spielten früher und spielen noch heute Pfeilgifte eine große Rolle. In Afrika sind es überwiegend Herzgifte (Glykoside) im Gegensatz zu den bei südamerikanischen Indianern vorherrschenden muskellähmenden Curare-Giften, deren wirksames Prinzip Alkaloide sind. Bei zahlreichen afrikanischen Stämmen erfolgt die Jagd ausschließlich mit vergifteten Pfeilen — berühmt-berüchtigt sind die Wasanja-Elefantenjäger (lies: -wilderer). Verwendet wird meist das von *Acokanthera*-Sträuchern stammende Quabain, ein glykosidisches Nervengift. Dieses Pfeilgift enthält sehr oft noch besondere Zutaten, etwa den stark giftigen Milchsaft von *Sapium madagascariense*, einem Wolfsmilchgewächs, und die saponinhaltigen Knollen des Yamsgewächses *Dioscorea quartiana*, deren Wirkstoff in erster Linie die Atemwege lähmt. Aus magischen Gründen werden gelegentlich noch Schlangenköpfe und Ka-

daver von Ratten und Mäusen mitgekocht.

Für das westliche und zentrale tropische Afrika sind *Strophanthus*-Arten die charakteristischen Pfeilgiftpflanzen. Daneben verwendet man für die Zubereitung der Jagdgifte auch die

Wolfsflechte (*Letharia vulpina*).

Rinde der *Mansonia*-Bäume sowie Wurzelrinde von *Strychnos*-Arten, die sehr alkaloidreich sind. An der Elfenbeinküste und in Obervolta verarbeiten die Stämme den Milchsaft von *Calotropis procera* zu einem starken Pfeilgift. Die *Calotropis*-Glykoside sind gleichfalls Herzgifte, die noch das *Acocanthera*-Toxin übertreffen sollen (nach Lewin).

Im südlichen Afrika stellen seit jeher die Buschmänner die leistungsfähigsten Pfeilgifte her. Seit Jahrtausenden waren sie als Sammler und Jäger in diesem Gebiet ansässig, aber ihre uralte Kultur ist heute fast ausgestorben. Nur wenige Sippen leben noch so wie vor 1 000 Jahren. Auf Höhlenmalereien erkennen wir, wie Buschmänner mit Pfeil und Bogen auf Straußvögel und Antilopen Jagd machten. Das einmal getroffene Wild konnte mit dem Giftpfeil im Körper wohl kaum mehr weit laufen, bis es zusammenbrach. Als Pfeilgift viel verwendet werden in Südafrika die knollenartigen Wurzeln von *Adenium*-Arten, bei ihnen ist das wirksame Prinzip das Herzglykosid Echujin. Die Bewohner der südöstlichen Kalahari (im Staat Botswana) nehmen neben dem außerordentlich giftigen Körpersaft der Raupe des *Diamphidia*-Käfers von der verbreiteten Fächerlilie *Haemanthus toxicaria* die alkaloidreichen Zwiebeln zum Vergiften ihrer Pfeile und Speere.

Neuwinger weist mehrfach darauf hin, daß in den letzten 50 Jahren viel Wissen um die Gewinnung der Pfeilgifte in Vergessenheit geraten ist, abgesehen vielleicht von einigen west- und zentralafrikanischen Stämmen, bei denen die Jagd mit vergifteten Pfeilen – besonders in der Nähe von Wildschutzgebieten – auch heute noch ziemlich verbreitet ist.

Nicht wenige der genannten Pfeilgifte haben sich in der Eingeborenen-Medizin längst als wertvolle Heilmittel erwiesen. So sind die Wirkstoffe von *Calotropis*, *Mansonia* und *Strophanthus* in West- und Zentralafrika gebräuchliche Mittel gegen Lepra und Geschlechtskrankheiten. Im Kongo-Gebiet werden nach Bisset *Strychnos*-Auszüge als Brech- und Abführmittel verwendet. Zur Behandlung von Geschwüren nimmt man das Seidenpflanzengewächs *Periploca nigrescens*, und zwar den Saft der Blätter, die ein Glykosid von hoher Wirksamkeit enthalten. Ein Rindenabsud des „Gottesurteilbaumes" *Erythrophleum guineense* leistet bei Brechdurchfällen und Malaria, die gepulverte Rinde zusammen mit Schnupftabak bei Kopfschmerzen gute Dienste (nach Kerharo). Vielfäl-

Linke Seite: *Adenium obesum*, ein Hundsgiftgewächs aus dem Sudan (Nuba-Berge).

Oben: Blutblume *Haemanthus coccineus*. Links: *Calotropis procera*, ein Seidenpflanzengewächs aus dem Sudan.

Jagd auf Strauße. Buschmann-Höhlenmalerei. In der Verkleidung eines Straußes hat sich ein Buschmannjäger an eine Straußenherde herangepirscht.

tige medizinische Verwendung findet das Quabain des Quabaiobaumes *(Acokanthera)*, der wohl als die charakteristische Pfeilgiftpflanze Afrikas angesehen werden kann.

Natürlich wurden und werden Giftpflanzen auch beim Fischfang verwendet. Auf Fische besonders toxisch wirkt das Saponin-Glykosid Cyclamin der Knolle vom Alpenveilchen *(Cyclamen purpurascens)*; die Tiere werden bereits durch minimale Cyclamin-Konzentrationen gelähmt. Vor allem auf Sizilien nimmt man die Alpenveilchenknollen zum Fischfang. Auch andere saponinhaltige Pflanzen bewähren sich als Fischgifte, zum Beispiel in Indien der Ackergauchheil *(Anagallis arvensis)* und die melanthinhaltigen Samen des Schwarzkümmels *Nigella sativa*. Noch heute gebrauchen südamerikanische Indianer pflanzliche Gifte zum Fischfang. Mit dem Saft der Timbó-Liane *(Serjania curassavica)* wird das Gewässer verseift. Das versetzt die Fische in Atemnot und treibt sie hoch an die Wasseroberfläche. Die toten werden in Netzen gesammelt, die noch lebenden Fische mit Pfeilen erlegt.

Nicht unerwähnt bleiben soll ein anderes Jagdgift, das Rotenon, ein Wurzel-Glykosid der Kletterpflanze *Derris elliptica*, welches seit Jahrhunderten die Eingeborenen Borneos zum Fischen nehmen. Rotenon-Extrakte finden auch als Pflanzenschutzmittel viel Verwendung, und zwar gerne in Verbindung mit dem schon erwähnten Pyrethrin aus Chrysanthemenblüten.

Linke Seite: *Euphorbia virosa*, ein Wolfsmilchgewächs, das in Südwestafrika beim Fischfang zum Vergiften von Wasserstellen benutzt wird.

Folgende Seite: Blauer Natternkopf *Echium vulgare*, ein Borretschgewächs mit curareartig wirkendem Cynoglossin-Alkaloid.

Acker-Gauchheil (*Anagallis arvensis*). Im Samen Saponinglykoside. *Herba Anagallidis* ist ein uraltes, schon bei Galen aufgeführtes Heilmittel.

Blauer Natternkopf *Echium vulgare*, ein Borretschgewächs mit curareartig wirkendem Cynoglossin-Alkaloid.

146

Hinweise auf das Schrifttum

AMMON, G.:
„Bewußtseinserweiternde" Drogen in psychoanalytischer Sicht. In: Dynamische Psychiatrie. Sonderheft 1 (1971).

BAYERISCHES STAATSMINISTERIUM DES INNERN und FÜR ARBEIT UND SOZIALORDNUNG:
Alkohol, Drogen, Medikamente, Tabak – Dokumentation über eine Repräsentativerhebung bei Jugendlichen in Bayern 1976. München.

BERGER, F.:
Handbuch der Drogenkunde. 7 Bde. Wien, 1949–1967.

BESLER, B.:
Hortus Eystettensis. 1613.

BRUNSCHWYG, H.:
Liber de arte distillandi. Straßburg, 1500.

BUFF, W. und DUNK, K. VON DER:
Giftpflanzen in Natur und Garten. Augsburg, 1981.

CARRINGTON, R.:
Elephants, New York, 1959.

DRUCKREY, H.:
Natürlich vorkommende Carcinogene. Med. Mschr. 20, 154–157 (1966).

ENGEL, F.M.:
Flora magica – Geheimnisse und Wesen der Pflanze. München, 1966.

FREUD, S.:
Über Coca. In: Heitlers Centralblatt für Therapie. Wien, 1884.

FROHNE, D. und JENSEN, U.:
Systematik des Pflanzenreichs unter besonderer Berücksichtigung chemischer Merkmale und pflanzlicher Drogen. 2. Aufl. Stuttgart, 1979.

GERBER, P.:
Die Peyote-Religion. Zürich, 1980.

GESSNER, O.:
Gift- und Arzneipflanzen von Mitteleuropa. 3. Aufl. Heidelberg, 1974.

GLASENAPP, H. VON:
Die Literatur Indiens. Stuttgart, 1961.

HAHNEMANN, S.:
Der Kaffee in seinen Wirkungen. Leipzig, 1803.

HANDWÖRTERBUCH
DES DEUTSCHEN ABERGLAUBENS:
Hrsg. unter bes. Mitwirkung von E. Hoffmann-Krayer unter Mitarbeit von zahlreichen Fachgenossen von H. Bächtold-Stäubli. Berlin/Leipzig, 1927 ff.

HERRLINGER, R.:
Geschichte der medizinischen Abbildung. München, 1967.

HOFMANN, A. und TSCHERTER, H.:
Isolierung von Lysergsäure-Alkaloiden aus der mexikanischen Zauberdroge Ololiuqui. In: Experientia XVI (9), 1960.

LSD – Mein Sorgenkind. Stuttgart, 1979.

HOHNHOLZ, J. H. und SCHMID, R.:
Maniok – Bedeutung für Wirtschaft und Ernährung in Südostasien. Naturw. Rdsch. 35, 95–102 (1982).

KEYS, T. E.:
Die Geschichte der chirurgischen Anästhesie. Berlin, 1968.

KIRCHDORFER, A. M.:
Ginseng – Legende und Wirklichkeit. München, 1981.

KOBERT, R.:
Lehrbuch der Intoxikationen I/II. Stuttgart, 1902–1906.

LEGNARO, A.:
Drogen und sozialkultureller Wandel. Diss. Köln, 1975.

LEHANE, Br.:
Macht und Geheimnis der Pflanzen. Frankfurt (Main), 1978.

LEONHARDT, R.W.:
Haschisch-Report. München, 1970.

LEUENBERGER, H.:
Im Rausch der Drogen. München, 1970.

Gesund durch Gift. Stuttgart, 1972.

LEWIN, L.:
Die Gifte der Weltgeschichte. Berlin, 1920.

Phantastika. Die betäubenden und erregenden Genußmittel. 2. Aufl. Berlin, 1927.

Gifte und Vergiftungen (= 4. Ausgabe des Lehrbuchs der Toxikologie). Berlin, 1929.

MARZELL, H.:
Wörterbuch der deutschen Pflanzennamen. Fortgef. von Heinz Paul. Leipzig–Stuttgart–Wiesbaden, 1937–1977.

MUTSCHLER, E.:
Arzneimittelwirkungen. Stuttgart, 1970.

NARANJO, C.:
Die Reise zum Ich. Psychotherapie mit heilenden Drogen. Frankfurt/Main, 1979.

NEUWINGER, H. D.:
Afrikanische Pfeilgifte. Naturw. Rdsch. 27, 340–359 und 385–402 (1974).

PARACELSUS (Theophrast von Hohenheim):
Sämtliche Werke. 1. Abt.: Medizinische, naturwissenschaftliche und philosophische Schriften. Hrsg. K. Sudhoff, 14 Bde. München–Berlin, 1922–1933.

POPE, H. G.:
Tabernanthe iboga. An African narcotic plant of sozial importance. In: Economic Botany 23, 174–184 (1964).

RAUSCH UND REALITÄT:
2 Materialbände des Rautenstrauch-Joest-Museums, Köln. Hrsg. Gisela Völger unter Mitarbeit von Karin von Welck und Aldo Legnaro. Köln, 1981.

REICHSTEIN, T.:
Cardenolide (herzwirksame Glykoside) als Abwehrstoffe bei Insekten. In: Naturw. Rdsch. 20, 499–511 (1967).

SCHMID, R.:
Halluzinogene aus Pflanzen. In: Naturw. Rdsch. 23, 5–18 (1970).

SIEGEL, R. K.:
Studies of hallucinogens in fish, birds, mice and men: the behavior of „psychedelic" Populations. In: Vinar, O., Votava, Z. und Bradley, P. B. (Eds.): Advances in Neuro-Psychopharmacology. 311–318. Amsterdam, 1971.

Natural animal addictions: an ethological perspective. In: Keehn, J. D. (Ed.): Psychopathology in animals. 29–60. New York, 1979.

STEINEGGER, E. und HÄNSEL, R.:
Lehrbuch der Pharmakognosie. Berlin, 1972.

TÄSCHNER, K. L.:
Zur Frage gesellschaftlicher Ursachen des Drogenkonsums Jugendlicher. In: Zeitschr. Sozialpsychologie 6 (1975).

Rausch und Psychose. Stuttgart, 1980.

Das Cannabisproblem. Wiesbaden, 1979.

WIRTH, W., HECHT, G.
und GLOXHUBER, Chr.:
Toxikologie-Fibel. 2. Aufl. Stuttgart, 1971.

ZANDER–ENCKE–BUCHHEIM–SEYBOLD:
Handwörterbuch der Pflanzennamen. 11. Aufl. Stuttgart, 1979.

Bildverzeichnis

Register

Seitenzahlen mit * verweisen auf Abbildungen